*TRANS*FIGURATION

*TRANS*FIGURATION

Nordisk tidsskrift for kunst og kristendom

6. årgang • Nr. 1
2004

MUSEUM TUSCULANUMS FORLAG
KØBENHAVNS UNIVERSITET
2006

*TRANS*FIGURATION
Nordisk tidsskrift for kunst og kristendom
Nordic Journal of Christianity and the Arts

Omslag: Alan Havsteen-Mikkelsen
Bogen er sat med Bembo
Sats og tryk hos Special-Trykkeriet ·Byens Tryk a-s
ISBN 87-635 0495 2
ISSN 1399-1353

Udgivet med støtte fra
Nordiska publiceringsnämden för humanistiske och
samhällsvetenskapliga tidskrifter

Museum Tusculanums Forlag
Njalsgade 94
DK–2300 København S
www.mtp.dk

Indhold

Middelalderlige metabilleder

Billedskepsis og skærpet billedbevidsthed i tidlig vestlig middelalder

Hans Henrik Lohfert Jørgensen

Det andet bud: Ord imod billeder

Udgangspunktet for al senere billedskepsis eller ikonoklasme i den jødisk-kristne kultur er Moselovens andet bud, dvs. det bibelske billedforbud i Anden Mosebog: »Du må ikke gøre dig noget udskåret billede eller noget afbillede af det, som er oppe i himmelen eller nede på jorden eller i vandet under jorden; du må ikke tilbede eller dyrke det, thi jeg Herren din Gud er en nidkær Gud« (2 Mos. 20,4-5).[1] Det andet buds fremtrædende placering i Dekalogen – forbundet med og begrundet af det foregående bud om ikke at dyrke andre guder – antyder, at billedforbuddet er centralt for selve gudsforholdet. Gud defineres som det, der overskrider den billedlige erfaring. Yderligere begrundelse gives før budordene i Femte Mosebog. Her advares gentagne gange mod gudebilleder, fordi israelitterne ikke så Herren i sin skikkelse, da han kundgjorde dem sin pagt og talte til dem inde fra en ild hyllet af mørke, skyer og mulm (5 Mos. 4,11-16). Gud må og kan ikke fastholdes i nogen synlig skikkelse og lader sig derfor nidkært skjule for det menneskelige blik bag et slør af hyllende dunkelhed. Når en højere fremtrædelse antydes i kraft af den talende Guds røst på det røg- og skyomsvøbte bjerg, etableres et hierarki for sansernes adgang til den bibelske åbenbaring: Gud må høres i ord og bud, men aldrig ses i skikkelse og åsyn. Moses modtog Guds ord på de skrevne lovtavler, men så kun Herren bagfra. »Thi intet menneske kan se mig og leve. <...> mit åsyn kan ingen skue« (2 Mos. 33,20-23).

---

[1] I dette arbejde er anvendt den ældre danske bibeloversættelse fra henholdsvis 1931 og 1948, som i en kunsthistorisk sammenhæng kan virke mere billeddannende end den nyere oversættelse.

Den åbenbarede hellige Skrift taler imod synet som åbenbaringsmedium – Ordet forbyder billedet.

Siden har en mere eller mindre konsekvent håndhævelse af det andet bud været et næsten periodisk tilbagevendende fænomen i de skriftkulturer og religiøse systemer, der er udsprunget af jødedommen, herunder islam og forskellige forgreninger af kristendommen. Men paradoksalt nok har billedforbuddet inden for flere kristne trossamfund samtidig også bidraget til at fremme en skærpet bevidsthed om billedet, om billedbrugen og billedets ontologi. Afvisningen af billedets mulighed for at synliggøre det guddommelige og vise Herrens virkelige, usynlige karakter har været medvirkende til at udstikke grænserne for det billedlige og problematisere den ikoniske repræsentation, hvorved opmærksomheden er blevet rettet mod billedet som sådant. I den tidlige vestlige eller latinske middelalder reagerede man på Østkirkens billedstrid med en mere moderat billedskepsis formuleret i de såkaldte *Libri Carolini de Imaginibus*. Disse »karolingiske bøger om billeder« udgør en programmatisk afhandling om bl.a. forholdet mellem ord og billede og er det vigtigste billedteoretiske dokument på skrift om den middelalderlige indstilling til billeder (accepteret) og billeddyrkelse (forkastet) i Vesten.[2] Værket er forfattet ved Karl den Stores hof før Frankfurt-synoden i 794 som officielt karolingisk svar på den byzantinske billedteologis ekstremer, således som disse var blevet ytret på det ikonofile Nikæa-koncil i 787 og ved et tidligere ikonoklastisk koncil i Kalchedon i 754. Det er symptomatisk for den mindre polariserede vestlige diskussion i de pågældende århundreder, at billedkritikken i stedet for at søge at udslette billedet snarere har øget bevidstheden om det, netop som billede. Den reflekterede billedskepsis kommer ofte til udtryk i billederne selv, når de i deres visuelle selvreferentialitet udviser en kritisk bevidsthed om deres egen billedlighed med de begrænsninger, denne indebærer. De mest selvrefleksive billeder står således ikke tilbage for *Libri Carolini*s anstrengt ræsonnerende forsøg på at demonstrere billedets begrænsninger, eksempelvis i forhold til gengivelsen af Lovens og Skriftens usynlige troshemmeligheder, som kun ord kan udtrykke.[3] Billeders formåen, indbefattende såvel deres betingelser som deres indskrænkninger, blev ikke blot diskuteret i ord og lovtekst,

---

[2] *Libri Carolini,* der i håndskrifterne egentlig bærer titlen *Opus Caroli regis contra synodum,* er for nylig genudgivet af Ann Freeman (under medvirken af Paul Meyvaert): *Monumenta Germaniae Historica, Concilia,* II, I (Hannover 1998); herefter: Lib. Car./MGH.

[3] Lib. Car. II, 30; MGH, 303ff.; III, 23; MGH, 440ff.

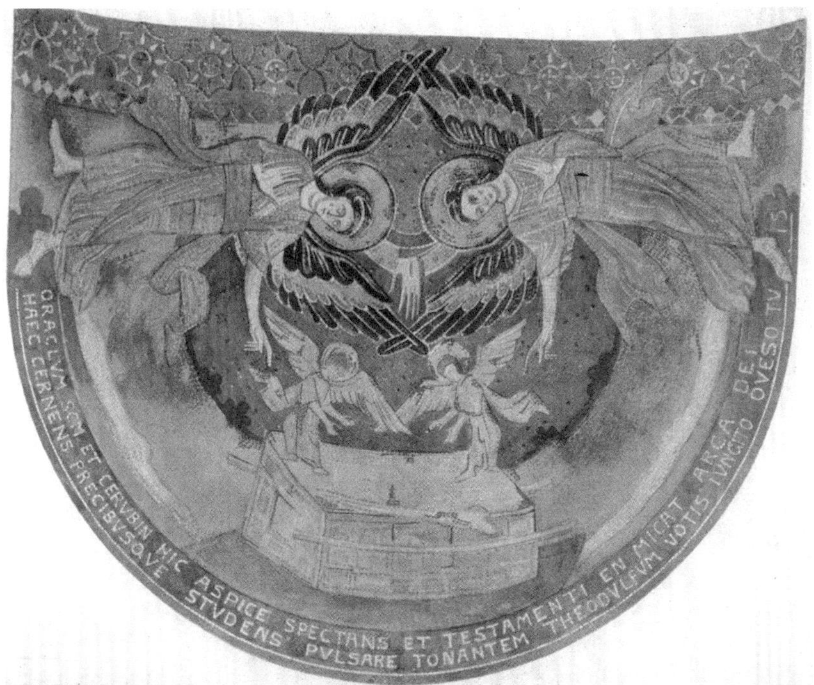

Ill. 1. Pagtens ark fremvises, men skjuler sit hellige indhold bevogtet og æret af keruber. Apsismosaikken i Theodulfs oratorium, Germigny-des-Prés (ca. 799-806). Efter Paul Clemen: *Die romanische Monumentalmalerei in den Rheinlanden* (1916).

men også i billederne selv, i disses eget visuelle sprog og selvhenvisende billeddiskurs. Ganske vist kunne de angiveligt åndsforladte billeder ifølge den reduktive karolingiske tekst højst påvirke den seendes øje gennem deres funktion som enten udsmykning eller ihukommelse af fortidige begivenheder: »<billeder> fremviser ikke frelsens tegn for de dødelige og bringer ikke varsel om noget mysterium, men begunstiger kun øjnene, gennem hvilke <...> de indprenter mindet om hændte bedrifter i deres hjerter«.[4] Men ikke desto mindre kan der alligevel påvises en række visuelle konfigurationer, hvori billedet, og i forlængelse heraf også

[4] Lib. Car. II, 30; MGH, 303: »<imagines> nullam salutis exhibitionem, nullam sacramenti alicuius mortalibus praerogativam adducant, sed oculis tantummodo faveant, per quos <...> gestarum rerum memoriam cordibus mandent.« (Oversættelser er forfatterens egne.)

øjet, som ser det, tilskrives en mere vidtgående kognitiv aktivitet – en bevidst diskursiv modus, der imødegår tidens skærpede udfordring til billedet med nye visuelle egenskaber formidlet igennem dets eget synsbaserede medium. I det følgende skal gives nogle principielle eksempler på denne billedlige selvtematisering, udvalgt så de kan visualisere forskellige variationer, nuancer og betydninger heraf. I så henseende kan indeværende skrift stå som et »andet bud« på forståelsen af den tidlige middelalders billedsprog, i lyset af de ikonoklastiske forestillinger som en, når alt kommer til alt, produktiv og befordrende betingelse for billedets historiske selvforståelse og udvikling.

Pagtens ark: Loven i billedet

Tættest på det gammeltestamentlige idégrundlag er i denne sammenhæng nok apsismosaikken med Pagtens ark i franske Germigny-des-Prés nær Orléans, en lille Salvatorkirke indviet i 806 (ill. 1). Det private oratorium eller kapel blev opført for Theodulf, biskop af Orléans og en af de prominente lærde i kredsen omkring Karl den Store. Theodulf anerkendes nu også som ophavsmanden til *Libri Carolini*, hvori mosaikkens tema, den hemmelighedsfulde ark omgivet af vingede keruber, behandles i ikke mindre end fire forskellige kapitler.[5] I overensstemmelse med denne udførlige omtale må motivvalget ses som en misbilligende kommentar til, at man på Nikæa-koncilet få år forinden havde brugt keruberne over arken som bibelsk argument for tilstedeværelsen af Kristus- og Mariabilleder over det kristne alter.[6] Theodulf imødegik i skarpe vendinger parallellen mellem billedkunstnernes ordinære menneskeskabte billeder og arkens guddommeligt sanktionerede figurer, der var blevet befalet Moses af den højeste selv med Herrens egne ord som verbal garant for billedet (2 Mos. 25,18-20). Ifølge Theodulf tjente den illegitime sammenligning blot til at bortvende betragterens »sind fra det ån-

[5] Lib. Car. I, 15; MGH, 169ff.; I, 19; MGH, 192ff.; I, 20; MGH, 195ff.; II, 26; MGH, 286ff.

[6] Cf. Freeman & Meyvaert (1998), MGH, 29f. (indl.); samt endv. Ann Freeman: »Theodulf of Orléans and the Libri Carolini«, in: *Speculum, A Journal of Mediaeval Studies* XXXII, 4 (1957), 663-705; 699ff. Den græske holdning er, med henvisning til talsmanden Tarasius, den konstantinopolitanske patriark, gengivet som polemisk overskrift for Lib. Car. I, 20; MGH, 195: »Sicut veteres habuerunt cherubim obumbrantem propitiatorium, et nos imagines Domini nostri Iesu Christi et sanctae Dei genetricis et sanctorum eius habeamus obumbrantes altare.« Cf. *Nicaea II,* Actio IV; Jacques-Paul Migne (udg.): *Patrologiae Latinae, Cursus Completus* (Turnhout 1844-1865), 129, 273f.

delige til det kødelige, fra det usynlige til det synlige, fra sandheden til billedet <...>«.[7] Som historikeren Celia Chazelle har påpeget, tildeles Pagtens ark i *Libri Carolini* en særstatus som *res sacrata*, dvs. en indviet genstand, hvis gudgivne hellighed får den til at adskille sig fundamentalt fra almindelige kunstgenstande og materielle billeder.[8] Det er med andre ord ikke selve inkarnations- eller immanenstanken om det guddommeliges tilstedeværelse i det dennesidige, der afvises, men snarere billeddyrkelsens forestilling om, at billederne i deres materialitet på nogen måde skulle kunne få andel i den iboende hellighed. Andetsteds i *Libri Carolini* præciseres da også, at det ikke er billedet som sådant, der i sig selv udgør et problem, men dyrkelsen heraf – altså billedets reception – som er kommet på afveje: »Thi vi forkaster intet i billeder, bortset fra deres tilbedelse; for selvfølgelig tillader vi jo, at der haves billeder i helgenernes kirker, ikke til tilbedelse, men til ihukommelse af indtrufne begivenheder og til væggenes forskønnelse«.[9]

På denne baggrund kan Theodulfs mosaik ses som et selvbevidst forsøg på at lede tidens alt for kultvenlige billedreception tilbage på den rette vej, så den troendes blik atter vendes fra den materielle skønhed til den åndelige, fra det synlige til det usynlige, fra billedet til den bibelske sandhed. Her gengives netop ingen helgener, ingen Gudsmoder, ingen Kristus på den iøjnefaldende plads over alteret, hvor sådanne visuelle fremtrædelser ville kunne forlede deres betragtere ind i billedtilbedelsens vildfarelse og bort fra Kristi virkelige tilstedeværelse i alterets sakramente – endnu en af de særligt begunstigede *res sacratae*. Afbildningen af Pag-

---

[7] Lib. Car. I, 20; MGH, 196: »<...> mentes ab spiritualibus ad carnalia, ab invisibilibus ad visibilia, a veritate ad imaginem <...> denuo redire conpellat«.

[8] Cf. Celia Chazelle: *The Crucified God in the Carolingian Era, Theology and Art of Christ's Passion* (Cambridge 2001), 45; samt id.: »Matter, Spirit, and Image in the Libri Carolini«, in: *Recherches Augustiniennes* XXI (1986), 163-184, hvor hun opsummerer *Libri Carolinis* doktrin om *res sacratae* på følgende vis: »The central aim of the sections dealing with the *res sacratae* is to prove the fallacy of the idea, which Charlemagne's theologians attributed to II Nicea, that unconsecrated artistic imagery is equal to holy things in spiritual merit. <...> As opposed to the utter materiality of ordinary artistic productions, these objects are places in which it is possible to achieve, in a very immediate sense, contact with the holy« (166).

[9] Lib. Car. III, 16; MGH, 411: »Nam dum nos nihil in imaginibus spernamus praeter adorationem, quippe qui in basilicis sanctorum imagines non ad adorandum, sed ad memoriam rerum gestarum et venustatem parietum habere permittimus«. Alternativt kan oversættes: »billeder af helgenerne i kirkerne«.

tens ark løber ikke risikoen for at »erstatte« det kristne alter med et billede som genstand for from betragtning, men henviser snarere til alteret som den billedløse gammeltestamentlige foregribelse eller *præfiguratio* heraf.[10] Bortset fra engleskikkelsernes bevingede undtagelsestilfælde fremstår mosaikken nemlig som *anikonisk,* dvs. en fremstilling uden levende eller menneskelige væsener, der demonstrativt lader arken, denne fra oven helligede og udpegede genstand, træde i stedet for et uhelligt billede af sådanne figurlige skikkelser. Med fuldt overlæg nægter den forbeholdne skildring sin tilbedelseslystne betragter adgang til Guds synlige billede og gengiver i stedet kun Herrens højre hånd, *Dextera Dei,* et tegn på hans usynlige indgriben og tilstedeværelse over arken. I denne sigende position antager den himmelsendte hånd en specifik værdi som symbol for Herrens røst, som Moses »hørte <...> tale til sig fra sonedækket oven over vidnesbyrdets ark, fra pladsen mellem de to keruber. Og <røsten> talede til ham« (4 Mos. 7,89).[11] Den billedlige talegestus udpeger arken som et særligt Guds åbenbaringssted, om end åbenbaringen igen er verbal, ikke visuel; hørt, ikke set – og det til trods for, at den gengives i et billede. Idet håndens talende tegn erstatter gudens usete åsyn, privilegeres ordet endnu en gang over billedet, hvis hele eksistens og udformning øjensynligt forlader sig på Herrens bydende tale herom i Den hellige Skrift.[12] En påfaldende inskription sørger for, helt i *Libri Carolinis* ånd, at få det sidste ord over billedet: Teksten lader beskueren vide, at han skal betragte (»aspice spectans«) den strålende ark som sædet for guds-

---

[10] Cf. Lib. Car. I, 15; MGH, 169.

[11] Ligeså i Vulgata: »<...> audiebat vocem loquentis ad se de propitiatorio quod erat super arcam testimonii inter duos cherubin unde et loquebatur ei«; Robert Weber et al. (udg.): *Biblia Sacra Iuxta Vulgatam Versionem* (Stuttgart 1975), I, 190. Cf. 2 Mos. 25,22; samt Lib. Car. I, 15; MGH, 170, 172; I, 20; MGH, 196: »<...> veteres habuerunt cherubim qui per Moysen facti sunt, de quorum medio loquebatur Deus, obumbrantes propitiatorium <...>«.

[12] Strengt taget er fremstillingen af Guds hånd ikke sikker i forhold til den oprindelige mosaik, da den ikke fremgår af en akvareltegning af apsis udført af arkitekten Delton i 1841 før første restaurering, men derimod optræder på en akvarel fra 1869. Har der ikke været en hånd, men i stedet kun en tom glorienimbus, har denne imidlertid blot yderligere understreget – for ikke at sige indrammet – det visuelle fravær og markeret den auditive åbenbarings usynlighed. Cf. Uta Schedler: »Die Pfalzkapelle in Aachen und St. Salvator zu Germigny-des-Prés. Vorbild und Widerspruch«, in: Rainer Berndt (udg.): *Das Frankfurter Konzil von 794, Kristallisationspunkt karolingischer Kultur* (Mainz 1997), II, 677-698; 690, ill. 7.

åbenbaringens hellige orakel – blot for at han gennem bønner skal kunne indse i ånden (»cernens precibusque studens«), hvad der ikke kan fremstilles og erkendes i et billede, så han i stedet kan rette opmærksomheden mod Herrens tordenrøst mellem keruberne.[13] Vel ses oraklet, men i sidste instans kun for at blive hørt. Billedet skal læses, så dets vidnesbyrd kan lyde.

Når det kommer til stykket, er det derfor kun med en vis reservation, at mosaikken overhovedet *er* et billede i gængs forstand. Snarere er den en slags *antibillede:* en indforstået benægtelse af den samtidige beskuers forventning om at finde Guds billede på præcis dette sted i kirken, hvor man lige siden den oldkristne kirkekunst i både øst og vest havde anbragt teofanier, dvs. åbenbaringer af Kristus i hans guddommelige natur og herlighed. På sin strategiske placering i apsis har arkens lønligt forseglede skrin taget pladsen fra Guds åbenbarede tilsynekomst for på den baggrund at fremstå som et kalkuleret visuelt fravær, en materialiseret negation af billedet som vision. I overensstemmelse med en sådan ikonisk tilbageholdenhed opfattes arken også i *Libri Carolini* som emblem for Guds skjulte væsen af utilnærmelig hemmelighed eller *arcanum* (af *arca* eller ark, et lukket skrin).[14] Nok tillades man her et kig ind bag tempelgardinet, men den utilgængelige beholder i det allerhelligste afviser til gengæld at åbne sig for blikket og synliggøre sit skjulte indhold for den betragter, som kun ser på billedet uden at henføre det til Skriften. I og med at Pagtens ark må tænkes at indeholde Lovens tavler, herunder det gamle billedforbud, sætter afbildningen i både form og indhold Guds skriftlige vidnesbyrd over troens visuelle udsagn. For som *Libri Carolini* eftertrykkeligt fastslår, modtog Moses jo netop ikke Loven i et billede, men på skrift; ikke som maleri, men i ord og bogstaver.[15] I dette tilfælde deler billedet derfor hellere skæbne med selve arken end med Guds ord i den. I lighed med arken defineres billedet som en synlig og materiel beholder, bag hvilken der gemmer sig et usynligt indhold af immateriel og åndelig værdi, en inderste hemmelighed, som ikke lader sig formidle visuelt og kun bliver begribelig gennem sproget. I mosaikkens billedløse midte optræder det arkane lovskrin som en visuel version af billedforbe-

---

[13] Schedler (1997), 688, 694, gengiver, oversætter og fortolker inskriptionen. Cf. Freeman & Meyvaert (1998), MGH, 30, n. 228 (indl.).

[14] Lib. Car. I, 15; MGH, 172: »arca secretum Dei <significat>.« Cf. Augustin: *Quaestiones in Heptateuchum,* II (Exod.), CV; *Patrologiae Latinae,* 34, 633.

[15] Lib. Car. II, 30; MGH, 304f.

holdet eller -loven – en art normgivende *metategn* for billedet, der revser dette for tilbøjeligheden til (falsk) visualisering af det hinsidige og tildeler det den rette plads i det sprogligt konstruerede univers.

Med sit anskuelige fravær, sin billedafvisende billedlighed eller anikoniske ikonicitet, forudsætter antibilledet altså en visuel tradition, som det kommenterer, kritiserer og manipulerer. Det er ligefrem blevet foreslået, at Germigny-des-Prés – en Salvatorkirke uden Salvatorbillede – skal ses som en kritisk kontrast til Karl den Stores paladskapel i Aachen, opført ganske kort forinden, formentlig med en figurrig Frelsermosaik i kuplen, der i højere grad har tilgodeset behovet for kejserlig billedpropaganda end *Libri Carolinis* strenge ikonpolitik.[16] Antibilledet har med andre ord fungeret som et elitært og intellektuelt korrektiv til en billedbrug, der trods alt har vægret sig ved at give afkald på gudebilledernes prægtige og populære virkninger. Som visuel kategori udgør den benægtede eller aflyste teofani en selvbevidst og intertekstuel billedtype i eksplicit dialog med tidens billedkonventioner, således at den har kunnet aktivere den historiske beskuers forventningshorisont – dog kun for straks at modsige denne og vende den på hovedet. Dermed er kulturens indgroede forestillinger om billeder og om, hvad man kan se derpå, blevet eksponeret og draget frem i bevidstheden med det formål at problematisere de implicitte præmisser og forudsætninger herfor (eksempelvis muligheden for at afbilde det guddommelige i bestemte skikkelser). I det nævnte tilfælde skal fraværsbilledet, dette selvrefleksive repræsentationshul i billedets betydningsmæssige centrum, tilsyneladende restituere betragterens forståelse for og reception af det oversanselige element af usynlighed eller ikke/ekstra/para-synlighed i gudsanskuelsen. Nok høres den lovgivende stemme i tabernaklet, men den synes at tale ikke mindst om manglen på visuel tilgængelighed. Ved nærmere eftertanke er det da også en overordentlig vanskelig kunst at synliggøre det usynlige i et billede, vel at mærke uden at dette blot iklædes det synliges tegn og reduceres til konventionel ikonografisk symbolik (a la »Guds højre«). Når der gives billedlig form til det usynliges umærkelige tilstedeværelse, som jo i prin-

[16] Cf. Schedler (1997) samt for Aachen endvidere Ernst Günther Grimme: *Der Dom zu Aachen, Architektur und Ausstattung* (Aachen 1994). Det kan ikke udelukkes, at den oprindelige kuppelmosaik i Aachen i stedet har vist det tronende lam, en omgåelse af den antropomorfe Kristus-skikkelse med et »semi-ikonisk« emblem, som i langt højere grad har kunnet leve op til *Libri Carolinis* anvisninger og af bl.a. denne årsag nød stor udbredelse i både bogmaleri og monumentaludsmykninger.

cippet ikke kan afbildes, er der en overhængende risiko for, at anskueliggørelsen indfanger det usete i så bastant en ikonicitet og figuration, at det mister sin oprindelige karakter af usynlighed. Gudebilledet er i grunden et paradoks. Af samme årsag har denne visuelle og teologiske problemstilling dannet grobund for en række subtile billedeksperimenter i den vestlige middelalders balancegang mellem polerne og afvejning af forholdet mellem vision og negation, billedsyn og billedskepsis. Mange billeder tager livtag med billedlighedens paradokser ved at gøre sig selv til ideologiske udsagn, hvis visuelle manøvrer retter billedsproget mod spørgsmålene om dets egen berettigelse og rækkevidde. Om disse udfordringer skal det følgende handle.

Korset: visuelt fravær som guddommeligt nærvær

Et vigtigt eksempel på en visuel figur, der i lighed med Pagtens ark har kunnet optræde på den ene side som en henvisning til Herren og åbenbarelse af hans nærvær, på den anden side som en intenderet billedlig fraværsmarkering, er korset. Netop fordi det kunne symbolisere Frelserens tilstedeværelse, blev korset i stand til at kontrastere det signalerede nærvær med et desto mere bemærkelsesværdigt fravær af billedlighed og af synlig adgang til det symboliserede. Ligesom bl.a. arken, nadveren og Bibelen udnævnes også korset i *Libri Carolini* til *res sacrata*, med henblik på at adskille det hellige tegn fra almindelige uindviede billeder. Theodulfs katedral i Orléans var udsmykket alene med kors, og det nonfigurative emblem, der nok står for Kristus, men undlader at gengive ham i en egentlig korsfæstelsesafbildning, findes tillige i periodens illuminerede manuskripter – herunder karolingiske arbejder som Hrabanus Maurus' *In honorem sanctae crucis* fra 813/14.[17] Imidlertid var korset i lige så høj grad et teologisk begreb som et visuelt, og følgelig velegnet til at manifestere den kristologiske betydning af spørgsmålet om billedets definition. Det gælder ikke mindst de fire juvelbesatte guldkors behængt med alfa- og omega-tegn, der udgør det centrale motiv i en relativt velbevaret nordspansk freskoudsmykning i den asturiske kong Alfonso II's (791-842) paladskirke i den kongelige residensby Oviedo (planche I). Den store kirke, der kendes både som San Julián de los Prados og Santullano,

---

[17] Cf. Chazelle (2001), 75ff.; samt Herbert Schade: »Die Libri Carolini und ihre Stellung zum Bild«, in: *Zeitschrift für katholische Theologie* 79 (1957), 69-78; 77.

er opført på et tidspunkt mellem 812 og 842. De majestætiske kors er anbragt i dominerende placeringer i udsmykningen på bygningens længdeakse, hvor de hver især foregiver at åbenbare sig for beskueren i en slags forgyldt apparitionsvindue. Dette udgøres af en malet bueåbning, som illuderer at indramme et kig ind til, hvad der er blevet identificeret som Det sande Kors i et omgivende miljø med stærke mindelser om Det himmelske Jerusalem.[18] Men i modsætning til eksempelvis en tidligere version af et beslægtet motiv som apsismosaikken i Santa Pudenziana i Rom fra sidst i 300-tallet er der her tale om et gennemført anikonisk program, karakteristisk affolket og uden figurlige skildringer af apostlene, Kristus eller dennes *entourage*. I stedet består udmalingen fortrinsvis af illusionistiske forhæng blandt en overdådig serie af arkitekturfremstillinger efter senantikt mønster: mennesketomme bygninger set igennem et rammeværk af søjler, gesimser og kunstige vuer ind til forladte baggrundsscener. Eneste fjerne spor af levende figuration er korsene, der, uden at imødekomme beskueren med en legemlig gengivelse, alluderer til den opstandne og himmelfarne Frelser. På den ene side udstilles deres triumferende manifestation som synligt vidnesbyrd om Kristus som himmelsk hersker i sit palads, skimtet igennem de blotlagte vinduer til det hinsides – på den anden side nægter billederne i deres indbyggede repræsentationsmodstand at udlevere hans guddommelige natur som synlig for det menneskelige øje. End ikke hans menneskelige skikkelse ses, tilsyneladende for at forhindre hans legemlige billede i at stå i vejen for en sand billedløs betragtning af hans mystiske væsen. Dermed foretager den figurfjendtlige fremstilling en prioritering mellem hans to naturer, idet den visuelle eksklusivitet og distancering betoner hans ophøjede guddomsvæsen uden for synets og sansernes rækkevidde på bekostning af hans menneskelighed og »billedlighed«.

Just en sådan distinktion ligger til grund for arkitekturhistorikeren Jerrilynn Dodds' fortolkning af det asturiske billed- eller figurforbehold som et symptom på opgøret med den såkaldte *adoptianisme*, et kristologisk kætteri hævdet af visse iberiske biskopper i årene omkring 800. I denne alternative teologi omtaltes Kristus kun som Guds søn i sin gud-

[18] Cf. Helmut Schlunk & Magín Berenguer: *La pintura mural asturiana de los siglos IX y X* (1957) (Oviedo 1991), 102f.; Helmut Schlunk: »El arte asturiano en torno al 800«, in: *Actas del Simposio para el Estudio de los Códices del 'Comentario al Apocalipsis' de Beato de Liébana*, I, II (Madrid 1980), 135-164; Lorenzo Arias Páramo: *Prerrománico Asturiano, El Arte de la Monarquía Asturiana* (Gijón 1993), 71ff.

dommelige natur, mens han i sin menneskelige natur blev opfattet blot som Guds søn ved adoption og ikke af naturen. Ved bevidst at overse sondringen kunne modstanderne unuanceret fremstille læren om adoption som en humaniserende degradering af hans person og forbinde den med en anden heterodoks bevægelse med afvigende Kristus-forståelse, nemlig arianismen. Freskomaleriernes ikke-antropomorfe kors kan da ses som en polemisk reaktion i form af en modsvarende »opgradering« af Kristus, der søger at restaurere hans angiveligt truede guddommelighed:

> »Just as Beatus and Etherius <...dvs. de asturiske fortalere imod adoptianismen...> conceived of Christ as a totally divine being whose humanity was subsidiary, so the Santullano paintings avoid depicting it. Rather, the representation of Christ is limited to the portrayal of the Cross. It is possible that Adoptionism was also associated by some with Anthropomorphism, a belief that ascribed human characteristics and limitations to God«.[19]

I så fald var det modstandernes forvrængede og opportunistiske gengivelse af adoptianismen snarere end denne selv, der skabte behovet for at vende opmærksomheden mod den natur, som normalt skjules bag den menneskelige side af Kristi billede. Det middelalderlige billede kunne åbenbart selv opvise to latente naturer i indbyrdes konkurrence: den ene i bestandig fare for at blive mistænkt for kættersk antropomorfisme, den anden i dogmatisk sikkerhed i abstraktionens højere luftlag – nær, men ikke lig, Gud.

Billedstriden og den kristologiske strid blev udkæmpet i samme miljø og var begge af betydning for udviklingen af en ny vestlig korsteologi eller *theologia crucis*.[20] Sammenhængen kom især til udtryk på Frankfurt-koncilet i 794, hvor både *Libri Carolini*s påstande og adoptianismen blev

---

[19] Jerrilynn D. Dodds: *Architecture and Ideology in Early Medieval Spain* (1990) (Pennsylvania 1994), 42; id.: »Las Pinturas de San Julián de los Prados: Arte, diplomacia y herejía«, in: *Goya* 191 (1986), 258-263. For en betydelig revurdering af traditionelle udlægninger af både adoptianismen og modstanden imod denne, cf. John C. Cavadini: *The Last Christology of the West, Adoptionism in Spain and Gaul 785-820* (Philadelphia 1993). Selvom modstanderen Beatus ofte er blevet udlagt som en art monofysit, er reaktionerne i den oldkirkelige koncilteologi og tonaturlære ikke den vigtigste præmis for vurderingen af den senere spanske strid, der udspillede sig inden for andre teologiske rammer ifølge Cavadini, passim.

[20] Cf. Rainer Berndt: »Einführung«, in: Berndt (1997), I, 20; id.: »Das Frankfurter Konzil von 794, Kristallisationspunkt theologischen Denkens in der frühen Karolingerzeit«, II, 519-545.

behandlet som dogmatiske hovedemner under de ledende karolingiske gejstliges bevågenhed. Den spanske kunsthistoriker Isidro Bango har endda set en traditionel modvilje mod billeder på den Iberiske Halvø med rødder helt tilbage til et lokalt kirkekoncil omkring år 300 som en afgørende indflydelse på *Libri Carolini*.[21] Theodulf af Orléans var (og identificerede sig som) visigoter eller spanier af oprindelse, ligesom det også gjaldt flere andre af de mest fremtrædende billedkritikere inden for den karolingiske magt- og kultursfære, såsom den radikale gotiske ikonoklast Claudius, biskop af Torino. Bango sammenholder endda afbildningen af Pagtens ark i Germigny-des-Prés med de kryptiske kors i San Julián de los Prados, der vidner om det samme dunkle begreb om en skjult eller usynlig Gud, »Deus absconditus« eller »Deus invisibilis«, som Alfonso II selv lod bruge i et donations- eller testamenteringsbrev fra 812.[22] Man kunne yderligere tilføje, at et lignende gudsbegreb baseret på usynlighed kommer til udtryk, når de ovennævnte Beatus og Etherius i deres apologetiske skrift mod adoptianismen karakteriserer det guddommelige gennem dets reserverede forhold til det legemlige øje eller »oculus corporis«: »Vi tror at se Gud, ikke fordi vi ser med legemets øjne, sådan som vi ser solen, men med sindets blik <...>. Det, der er nærværende, ses, og det, der er fraværende, tros. <...> Thi intet menneske kan se Gud« (jf. 1 Tim. 6,16).[23] Skønt de afbildede kors fremtræder umiddelbart nærværende for synet, er det bagved – eller på trods af – deres fremtrædelse, at den visuelt fraværende Kristus skjuler sig, reserveret til en højere anskuelsesmåde i sindets inderste. Udsmykningen lukker bogstavelig talt gardinerne for det sanse-

---

[21] Isidro G. Bango Torviso: »L'Ordo Gotorum et sa survivance dans l'Espagne du Haut Moyen Age«, in: *Revue de l'Art* 70 (1985), 9-20.

[22] Santos García Larragueta (udg.): *Colección de Documentos de la Catedral de Oviedo* (Oviedo 1962), 7. Også de to pågældende bygningers arkitektur kan i øvrigt bevidne de gensidige kulturelle forbindelser: Hvor Theodulfs egenkirke i Germigny-des-Prés besidder en række udpræget spansk-visigotiske træk, herunder hesteskobuer i både plan og opstalt, har San Julián de los Prados på sin side elementer af såvel murbehandlingen som disponeringen af bygningsvoluminer til fælles med sin samtids karolingiske arkitektur.

[23] *Heterii et Sancti Beati ad Elipandum epistola (Apologeticum)*, II, 64f., Joaquín González Echegaray, Alberto del Campo & Leslie G. Freeman (udg.): *Obras Completas de Beato de Liébana* (Madrid 1995), 918, 920: »Credimus videre Deum, non quia videmus per oculos corporis, sicut videmus hunc solem, vel mentis obtutu <...>. praesentia videntur, absentia creduntur. <...> Nam Deum nullus hominum videre potest.« Omkring disse citater og lignende ytringer udfoldes en hel doktrin om menneskets mulighed for at se Gud, hvilket som udgangspunkt ikke kan lade sig gøre, medmindre betragteren hæver sig selv over det menneskelige gennem den oversanselige kontemplation.

lige øje og åbner i stedet et vindue mod det oversanselige, hvori fravær for synet identificeres med nærvær for sjælen – og at være »Deus« identificeres med at være »absconditus«. Med to sammenhængende, men kontrasterende, visuelle metaforer for billedet, på en gang som slørende forhæng og som åbenbarende vindue, definerer freskerne selv to niveauer af billedlighed og sanselighed. De lader normalsansningen tilsløre til fordel for antydningen af en paradoksal og mystisk oplevelse af det nærværende i fraværet, hvori det sanselige transcenderes gennem sin egen negation. Herom kan gælde en betragtning gjort i anden sammenhæng af teologen og »mystikologen« Bernard McGinn:

> »Christian mystics over the centuries have never been able to convey their message solely through the positive language of presence. <...> among the negative or apophatic mystics <...> the paradoxical necessity of both presence and absence is one of the most important of all the verbal strategies by means of which mystical transformation has been symbolized. <...> 'Contact with human creatures is given us through the sense of presence. Contact with God is given us through the sense of absence. Compared with this absence, presence becomes more absent than absence'«.[24]

Også i billedsproget findes begge visuelle strategier, den positive og den negative, side om side. Og også her kan nærværet – f.eks. i et figurativt billede af Kristus legemliggjort som menneske – være mere fraværende end fraværet, og fraværet – f.eks. i et nonfigurativt eller apofatisk tegn for den udeblevne guddom – være mere nærværende end nærværet.

Billedernes to komplementære perceptionsniveauer genfindes da, ikke overraskende, i *Libri Carolinis* betragtninger over forholdet mellem billedperceptionen og korset. Blot med den forskel, at maleriernes umiddelbart sanselige farver, former og materialer her helt afvises til fordel for korset som et helligt og uudgrundeligt tegn, hvis sande mysterium på ingen måde kan indfanges i et billede og hellere bør begribes med det indre »hjertets øje« eller *oculus cordis* (jf. Ef. 1,18).[25] Men netop i kraft af sin dybere ubegribelighed kunne det gådefulde kors, når det så alligevel optråd-

---

[24] Bernard McGinn: *The Foundations of Mysticism* (*The Presence of God, A History of Western Christian Mysticism*, I) (London 1992), XVIIIf. (idet han citerer Simone Weil, en mystiker fra det 20. årh.).

[25] Lib. Car. II, 28; MGH, 298. Karakteristisk nok er det i note 4 gengivne citat en af de mest positive ytringer i *Libri Carolini* om øjnenes møde med billeder.

te som afbildning, bruges til at problematisere billedets og den visuelle perceptions rækkevidde i forhold til begribelsen af troens mysterier. *Libri Carolini* skelner mellem det åndeliges indre syn og materielle billeders ydre syn, idet den synsskeptiske tekst fastslår, at »<...> Gud skal søges ikke i synlige ting, ikke i håndgjorte genstande, men i hjertet; han skal ses ikke af kødelige øjne, men kun af sindets øje«.[26] En sådan hierarkisk stratifikation af synet implicerer som sagt, at freskernes triumferende himmelske kors, trods deres synlighed for det legemlige blik, i sidste instans bør henvise den seende til det ulegemlige syn, uden for billedernes egen virkesfære. Som kunsthistorikeren Cynthia Hahn konkluderer i en undersøgelse af sammenhængen mellem kors og syn: »Indeed, the cross, the eminently visible symbol indicating access to the divine, generally must be said to *elude* sight. <...> The cross could almost be said to repel vision <...revealing...> a deep pessimism about the potential of corporeal sight, the use of eyes alone«.[27] Denne lagdelte forståelse af synet, spaltet mellem krop og ånd, havde sin vigtigste latinske autoritet i Augustin, hvis spiritualiserede »optik« af samme årsag blev refereret i *Libri Carolini*. Selvom der i den karolingiske traktat henvises til et pseudo-augustinsk skrift,[28] går forklaringen tydeligvis tilbage til kirkefaderens indflydelsesrige opregning af tre slags syn: det kropslige (*visio corporalis*), det imaginære (*visio spiritualis*) og det mentale (*visio intellectualis*). Hvor de to første er baseret på henholdsvis fysiske legemer og hukommelsesbilleder af legemlige fremtrædelser og derfor er indbyrdes afhængige, adskiller forstandens rent åndelige syn sig ved at »se« abstrakte ulegemlige størrelser som retfærdighed, kærlighed, det menneskelige sind eller Gud selv.[29] Atter ekskluderes det billedlige fra adgangen til det guddommelige, grundet både de ydre og de indre billeddannelsers afhængighed af eller kontakt med det legemlige. Lad os betragte endnu et eksempel på, hvorledes et billede kan tilpasse sig forbeholdene i den eksklusive optik ved selv at indoptage den perceptuelle lagdeling – uden for så vidt at blive mindre billede af den grund.

---

[26] Lib. Car. IV, 2; MGH, 493: »<...> quod non in rebus visibilibus, non in manufactis, sed in corde Deus est quaerendus; nec carnalibus oculis, sed mentis solummodo oculo aspiciendus.« Cf. Lib. Car. II, 2; MGH, 240; II, 22; MGH, 275ff.

[27] Cynthia Hahn: »Visio Dei, Changes in Medieval Visuality«, in: Robert S. Nelson (udg.): *Visuality Before and Beyond the Renaissance, Seeing as Others Saw* (Cambridge 2000), 169-196; 181f.

[28] Freeman & Meyvaert (1998), MGH, 50 (indl.). Cf. Chazelle (1986), 175.

[29] Lib. Car. III, 26; MGH, 464f. Cf. Augustin: *De genesi ad litteram*, XII, 6, 15ff., John Hammond Taylor (udg.): *The Literal Meaning of Genesis* (New York 1982), II, 185ff.

Transfigureret figuration: det spaltede billede

Billedlige reaktioner på den potentielt billedfjendske intellektualisering af syn og kognition optræder også inden for en tidshorisont nærmere Augustin og middelalderens begyndelse. Selvom spændingen mellem billedkritikere og billedbrugere kommer stærkest til udtryk fra tiden sidst i 700-tallet, var den allerede markant i det 6. århundrede. I denne sammenhæng skal Gregor den Stores berømte semiotiske kup ses – nemlig at gøre billeder læselige, og dermed at tæmme deres uregerligt selvberoende ikonicitet ved at underordne den skriften. Hans meget anvendte, men ikonisk begrænsende, legitimering af billeder som en instruktiv erstatning for skriften, rettet mod dem, der ikke selv er læsekyndige, blev netop givet i to breve til en billedstormer, biskop Serenus af Marseille.[30] Med den gregorianske tradition var grunden lagt til *Libri Carolinis* stedmoderlige behandling af billeder i forhold til ord.

Et endnu tidligere eksempel på ikonisk begrænsning, der udnytter det visuelt inviterende og dog synsblokerende kors som billedligt greb, er apsismosaikken af Kristi forklarelse i Sant' Apollinare in Classe, Ravennas havneby (ill. 2). Anbragt i en geografisk og kulturel position mellem Byzans og Rom er kirken grundlagt i 533-36, i tiden endnu under de arianske ostrogotere, mens dens tidligste og væsentligste mosaikker er udført kort før indvielsen i 549, forestået af en ortodoks biskop indsat af kejser Justinian. Det er formodentlig de konfessionelle spændinger mellem den heterodokse arianisme og den katolske ortodoksi – politiske og religiøse stridigheder, der også har manifesteret sig i andre ravennatiske kirkers historie og udsmykning[31] – som er baggrunden for den særlige Forklarelsesikonografi. Nedsænket som af Guds hånd gennem et slø-

---

[30] Gregor I: *Registri Epistolarum,* IX, Epist. CV ad Serenum; *Patrologiae Latinae,* 77, 1027f.; XI, Epist. XIII ad Serenum; *Patrologiae Latinae,* 77, 1128f. Oversættelse i uddrag hos bl.a. Wladyslaw Tatarkiewicz: *History of Aesthetics, II Medieval Aesthetics* (Warszawa 1970), 104f.

[31] Arianernes katedral, opført af Theoderik o. 500, blev eksempelvis overdraget til byens katolske parti efter 560 som led i goternes uddrivelse, og blev senere – muligvis i en bevidst anti-ariansk gestus – genindviet til Helligånden, Santo Spirito. I en endnu mere markant genindvielse blev kirken ved Theoderiks palads, i dag kendt som Sant' Apollinare Nuovo, overført til den katolske kult for arianisme- og kætterbekæmperen Martin af Tours, der ved samme lejlighed også tildeltes en fremtrædende plads i kirkens mosaikudsmykning. Dette billedprogram berømmes desuden for dets demonstrative udradering af den gotiske fortid i den retoucherede fremstilling af herskerpaladset. Cf. endv. diskussionen hos Friedrich Wilhelm Deichmann: *Ravenna, Hauptstadt des spätantiken Abendlandes* (Wiesbaden 1974-76), II, I, 243ff.

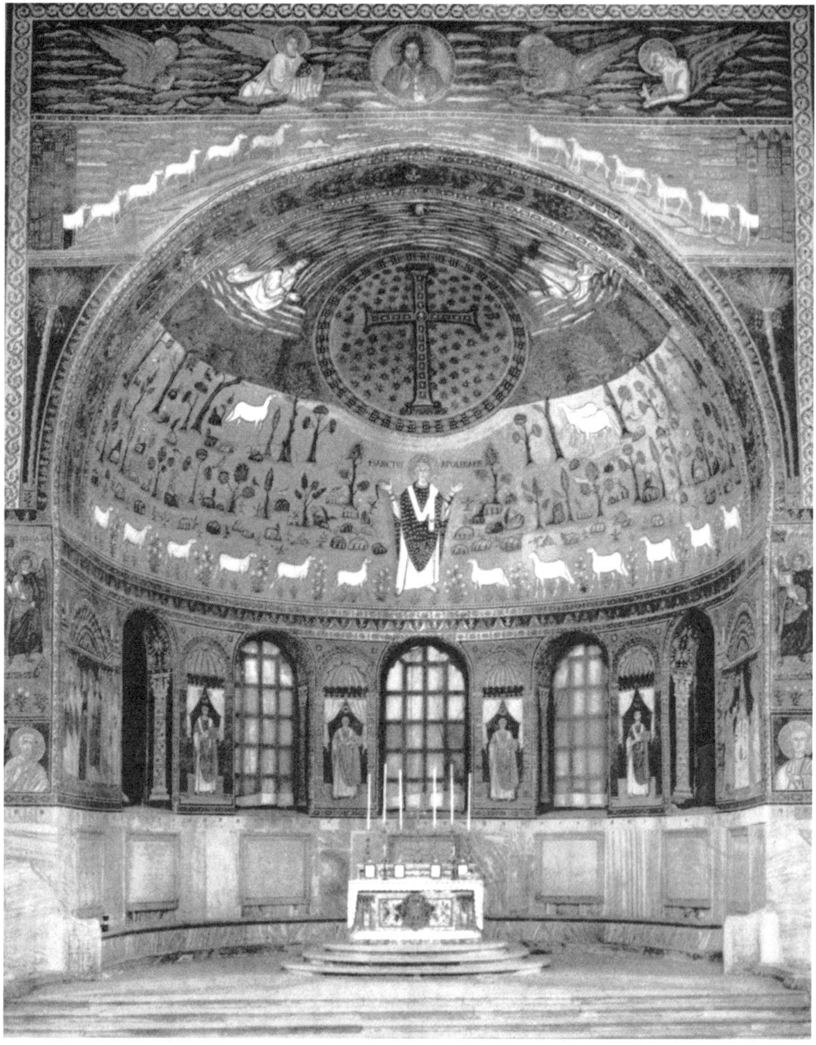

Ill. 2. I en betydningsladet balance mellem prægtig billedrigdom og ikonisk tilbageholdenhed gengives Jesu Forklarelse som synet af et himmelsk kors, set af mønsterbetragteren Sant' Apollinare og videreformidlet til kirkens menighed (i skikkelse af en fåreflok). Apsismosaik i Sant' Apollinare in Classe, nær Ravenna (533-549 og senere).

rende skydække øverst i apsishvælvingen åbenbares et ædelstenssmykket guldkors, i dette tilfælde indfattet i en cirkelrund *clipeus,* et traditionelt portrætformat, hvor korset gengives i stedet for den forventede antropomorfe afbildning af den forklarede Frelser. Kontrasten øges kun af, at det lysende kors flankeres af Moses' og Elias' genkendelige skikkelser i samtale med den usete tilstedeværelse i den hvidstrålende sky. I både det overordnede motivvalg, Jesu historiske teofani på bjerget, og i scenens visuelle reduktion omkring det ophøjede triumfkors kan ses en reaktion mod arianismens nedgørende opfattelse af Kristus som en menneskelig skabning på bekostning af hans guddommelige væsensenhed med Faderen. Gud Faders hånd i skyen henviser til stemmen fra oven, der under Forklarelsen bevidner Jesu dobbelte natur som Guds- og Menneskesøn: »Denne er min Søn <...> Hør ham!« (Matt. 17,5; Mark. 9,7; Luk. 9,35)[32] – en ytring, der hos bl.a. Athanasius og visse anti-arianske skrifter fra det 6. århundrede blev udlagt som et vægtigt vidnesbyrd imod Arius og hans lære.[33] Over for den apokryfe Kristus-forståelse fremstår Forklarelsen netop som en kanonisk åbenbarelse af hans guddommelige natur og herlighed, her endda yderligere forstærket ved henvisning til forudsigelsen af hans himmelske genkomst i Matt. 24,30: »Og da skal Menneskesønnens tegn vise sig på himmelen <...> og de skal se 'Menneskesønnen komme på himmelens skyer' med kraft og megen herlighed«.[34] Nok varsler det profetiske juvelkors hans genkomst eller *Secundus Adventus*, men hans fremtidige tilsynekomst er imidlertid stadig tilsløret bag det distancerende og krypterede tegn.[35] Igen lader korsbilledet Frelserens synlige menneskeskikkelse – der jo er medium for hans *Primus Adventus* – vige tilbage for hans endnu usynlige guddomsherlighed i dennes oversanselige eller »overmenneskelige« væsen. Korset transfigurerer Kristi figur til et nonfigurativt tegn og viser dermed ud over selve figurationen. Ganske vist kan der skimtes et lillebitte Kristus-ansigt i korsets skæring, et miniatureportræt indsat i billedet som en diminutiv medaljon, hvis blotte størrelse udgør en begrænsning i både fysisk og visuel forstand.[36] Mere som en abbreviatur end som et egentligt portrætbillede øjnes dette kun

---

[32] Vulgata (ed. cit.), II, 1552: »ecce vox de nube dicens hic est Filius meus <...> ipsum audite«.

[33] Cf. Deichmann (1974-76), II, II, 258.

[34] Vulgata (ed. cit.), II, 1564: »et tunc parebit signum Filii hominis in caelo <...> et videbunt Filium hominis venientem in nubibus caeli cum virtute multa et maiestate«. Cf. Dan. 7,13.

[35] For en behandling af tidlige kilder til den eksegetiske identifikation af det i Matt. 24,30 omtalte tegn eller »signum« som værende lig korset, cf. Erich Dinkler: *Das Apsismosaik von S. Apollinare in Classe* (Köln, Opladen 1964), 78ff.

[36] Cf. Dinkler (1964), 64ff., pl. 7.

fjernt og utydeligt (hvis overhovedet) nede fra kirkerummet, forholdet mellem skala og afstand taget i betragtning. Det tjener hovedsagelig til at fiksere korstegnets værdi som stedfortræder for et Kristusbillede – som for at sige, at hans åsyn alene kan anskues *igennem* korsets symbol. Korset er vejen til den sande gudsanskuelse og præsenterer sig for beskueren som en vision, hvis bagvedliggende trosindhold i sidste instans udelukkende er synligt for hjertets øje. Det synlige og ikoniske reduceres til et ikonogram, et skriftlignende billedtegn, der som et abstrakt emblem for det sete »dækker over« den antydede, men suspenderede, figurative afsløring og forklaring. Det græske akronym IχΘυΣ (»fisk«) lige over korset bidrager sammen med andre gådefulde skrifttegn for enden af de øvrige korsarme – alfa, omega og »salus mundi« (verdens frelse) – til fornemmelsen af, at korset samtidig både antyder og tilbageholder hellig betydning, kredsende om Kristi mangesidige og uforklarlige person. I modsætning til eksempelvis den omtrent samtidige gengivelse af hændelsen i apsismosaikken i Katharina-klostret på Sinai er synet af Forklarelsen her endnu ikke helt »forklaret«. Den omskrevne teofani demonstrerer, både for idealbeskueren personificeret af den kontemplativt bedende Sant'Apollinare nedenunder og for billedets øvrige menneskelige betragtere, at åbenbaringen af Kristi guddommelige lysnatur er et visionært syn af højere orden reserveret for den åndelige anskuelse i *oculus cordis*. Billedet henviser til, hvordan det selv skal ses, og forsøger dermed, præcis i kraft af den visuelle modstand, at forklare sin beskuer og dennes øje.[37]

Forsøget på at iværksætte en transfiguration af selve billedsynet sker desuden ved spaltningen af billedet i flere visuelle og ontologiske niveauer eller ordener, adskilt fra hinanden ved hjælp af en indre indramning i form af korsvisionens markante juvelsmykkede *clipeus*. Denne er et eksempel på en meget udbredt oldkristen og middelalderlig billedmekanisme, der udhæver en del af det synlige som rækkende ud over synets domæne og i sidste instans også ud over billedets, som noget betragteren egentlig *ikke* kan se, i hvert fald ikke med det legemlige øje eller *oculus corporis*. Midt i mosaikkens sanselige paradisiske scene åbner den adskillende

---

[37] Cf. Jas Elsner: *Art and the Roman Viewer, The Transformation of Art from the Pagan World to Christianity* (Cambridge 1995), 99ff., der tilsvarende argumenterer for, at Forklarelsesmosaikken på Sinai repræsenterer en bestemt åndelig anskuelsesmåde, en »mystic model of viewing«: »Insofar as the Transfiguration icon is self-reflexive – representing within itself an image of how it should itself be seen – the image is an exegesis in the *visual* medium of images of what it is to view, of the act and process of mystic viewing. <...> In fully confronting the Transfiguration of Christ, the viewer is himself transfigured« (119, 116).

runde ramme et vindue op til den stjernebesatte blå himmel, et såkaldt *oculus*, der med sit kig ind i de højere regioner appellerer til det indre øjes oversanselige skuen hinsides det dennesidige. Der skabes en illusion af, at apsishvælvingen åbner sig og gennembrydes af det himmelstræbende blik for at tillade beskueren et visionært glimt af det hinsidige åbenbaringsbillede, bragt hid fra usynligheden af Guds grænseoverskridende hånd. Med sin omdirigering af betragterens opmærksomhed fra Kristus som nærværende materielt ikon til Kristus som åndeligt begreb kan fremstillingen selv siges at mediere mellem det billedbaserede *visio corporalis* og det billedløse eller begrebslige *visio intellectualis*. På sin bevægelse fra det forventede billede via det stedfortrædende korstegn til betydningen gemt bag dette gennemgår blikket, idealt set, selv en forklarelse.

Denne læsning af mosaikken kan måske ligefrem hævdes at være blevet konkretiseret og visualiseret i et senere tilkommet *oculus*, et andet og mindre rundbillede øverst på triumfvæggen oven over apsisbuen, nok tilføjet af pave Leo III tidligt i det 9. århundrede. Selvom cirkelfeltet indrammer en tilsynekomst af den himmelske majestæt, må portrættet med sin placering midt iblandt hyllende skyer og mulm over den endnu tilhyllede transfiguration forstås som tilhørende det usynlige. Omgivet af apokalyptiske livsvæsener kan Kristi komme ved de sidste tider her anskues som et forvarsel om, hvad der venter den seende, når sløret engang vil blive løftet fra hans stadig fordunklede blik. Man har endda villet se dette øvre billede som en art visuel eksegese eller kommentar, der ekspliciterer og synliggør korstegnets indforståede henvisning til bl.a. den profeterede *Secundus Adventus* – i analogi med en romersk apsisudsmykning, som kontrasterer et anikonisk korsbillede med en ikonisk Forklarelsesscene, udført i SS. Nereo ed Achilleo under samme Leo III (795-816).[38] Afsløring og forkla-

---

[38] Rotraut Wisskirchen: »Leo III und die Mosaikprogramme von S. Apollinare in Classe in Ravenna und SS. Nereo ed Achilleo in Rom«, in: *Jahrbuch für Antike und Christentum* 34 (1991), 139-151. Det monumentale kors i selve apsishvælvingen i SS. Nereo ed Achilleo (nu forsvundet) var fremstillet på baggrund af et ophængt gardin, der understregede billedets hemmelighedsfulde karakter af usynlighed, som om man »<...> lediglich die Gegenwart Gottes hinter dem Vorhang andeuten wollte« (146, n. 67). Af samme årsag har dette billedprogram også været tilskrevet både billedforbeholdet i *Libri Carolini* og den ideologiske strid mod adoptianismen. På apsisbuen over korset er sløret derimod, i næsten konkret forstand, blevet løftet for anskueliggørelsen af Kristi guddommelige natur i Forklarelsen, således at det øvre og det nedre billede har forholdt sig korrigerende og komplementerende til hinanden. Cf. endv. Erik Thunø: *Image and Relic, Mediating the Sacred in Early Medieval Rome* (Rom 2002), 129ff., 134, pl. 8.

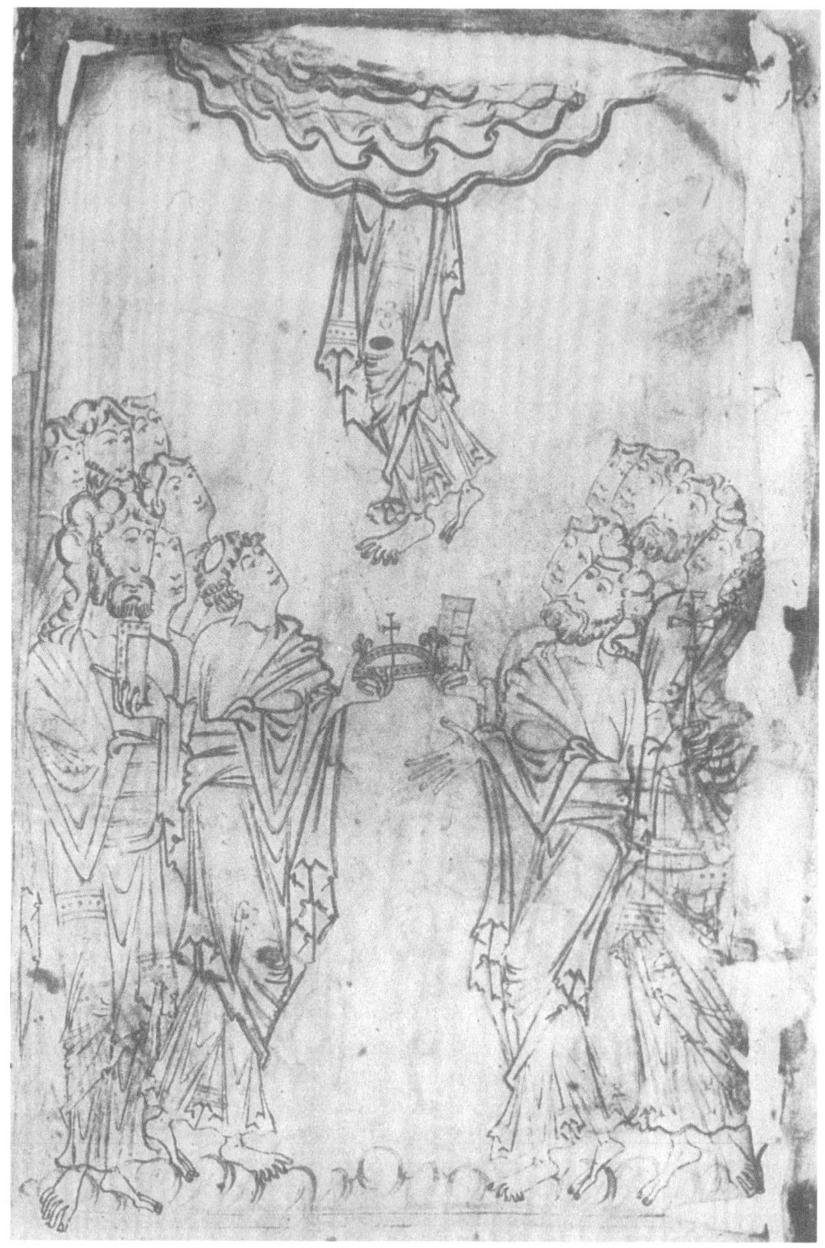

Ill. 3. Kristi Himmelfart, set af billedets betragter på samme måde som begivenheden ses af de iagttagende apostelvidner, i det engelske Tiberius Psalter fra det 11. århundrede (London, British Library, MS Cotton, Tiberius, C.VI, fol. 15 recto).

relse følger i tidens fylde. »Endnu (dvs. nede i apsis) ser vi jo i et spejl, i en gåde, men da (dvs. på 'himmelbuen' derover) skal vi se ansigt til ansigt« (1 Kor. 13,12).[39] Som et profetisk »billedets øje« repræsenterer det okulare kighul den transfigurerede betragters fremtidige syn i evigheden, åsyn til åsyn med den herliggjorte Kristus. På den ene side udgør den i princippet utilgængelige herlighedsvision et fraværets og usynlighedens felt i den billedlige virkelighed, en selvrefleksiv spaltning af billedet, der så at sige indrammer øjets eget blinde felt. Men på den anden side bringer den også åbningen mod et syn af en højere virkelighed, øjnet gennem det transcendente vindue i den fysiske mosaikflade, hvorfra Kristus som den himmelske brudgom kigger ind til sin menighed i det jordiske kirkerum (jf. Højs. 2,9). Iværksætter det korsforseglede nedre *oculus* en fordrivelse af det fysiske syn, tager det figurative øvre *oculus* øjet til nåde igen, om end opløftet til en forædlet optisk virksomhed igennem billedets spaltede realitet. Korsets knap synlige medaljonportræt er nu på en vis måde blevet forstørret, så blikket endelig kan modtage sin eskatologiske belønning for at have stået igennem den modstandsbehæftede korsmeditation.

Det forsvundne syn: billedet uden for billedet

Det spaltede billede tematiserer med andre ord billedligheden som sådan på flere niveauer, både som synlighed og som synsmedieret usynlighed. Undertiden visualiseres grænsen for den visuelle repræsentation ligefrem ved at lade Kristus forsvinde ud af syne i selve billedet, således som det sker i den karakteristiske angelsaksiske Himmelfarts-ikonografi. Her gengives netop Himmelfartens forsvindingsmoment, hvor den opstigende Frelsers underkrop, der inkarnerer hans menneskelighed, endnu er synlig, mens hans øvre halvdel som angivelse af hans guddommelighed derimod er forsvundet ind i en sky afskåret af billedets øvre ramme. Denne såkaldte »disappearing Christ«, som den dramatiske figurtype er blevet døbt af Meyer Schapiro,[40] findes eksempelvis afbildet på en manu-

---

[39] Vulgata (ed. cit.), II, 1783: »Videmus nunc per speculum in enigmate, tunc autem facie ad faciem«. Paulus' ofte citerede eller parafraserede vers indgår i en lang tradition inden for den vestlige mystiks og eksegeses behandling af synet som erkendelsesredskab. Eksempelvis funderer Beatus og Etherius deres tidligere omtalte synsdoktrin herpå; cf. *Heterii et Sancti Beati ad Elipandum epistola (Apologeticum)*, II, 66f.; ed. cit. 920, 922.

[40] Meyer Schapiro: »The Image of the Disappearing Christ, The Ascension in English Art Around The Year 1000«, in: *Late Antique, Early Christian and Mediaeval Art, Selected Papers* (New York 1979), 267-287.

skriptside i Tiberius Psalteret fra det 11. århundrede (ill. 3). Med apostlene som øjenvidner »løftedes han op« – som det siges i Apostlenes Gerninger – »medens de så derpå, og en sky tog ham bort fra deres øjne« (Ap.g. 1,9).[41] Billedets eksterne beskuer tildeles samme perspektiv på den halverede teofani som de afbildede interne betragtere, dvs. de apostoliske identifikationsmodeller for den rette beskuelse. Som vist af kunsthistorikeren Robert Deshman betegner billedet det afgørende øjeblik, hvor menneskeheden skal begynde at se Kristus med det åndelige syn, fordi hans jordiske legeme nu løftes bort – og dermed det slør, der hidtil har skjult hans guddommelige natur for menneskelige øjne.[42] Skyen sætter grænsen mellem den inkarnerede menneskelige natur og det usynlige guddommelige åsyn, ligesom den sætter grænsen mellem det halve billedes inkarnerede del og den højere, usete del uden for selve billedet. I mere end en forstand udgør halveringen en spaltning af billedet, hvis yderst manifeste fravær tydeligvis komplementeres af en virkelighed uden for repræsentationen: et tilgrænsende ikke-billede eller »billede uden for billedet«, som på trods af, at det kun eksisterer hinsides synets rækkevidde, alligevel uvægerligt må medtænkes af beskueren. I bestræbelsen på at kultivere og forklare betragteren er det lige præcis billedets egentlige, men fraspaltede, øvre halvdel, der gør krav på dennes blik og opmærksomhed. Særdeles anskueligt føres øjet ud af og op over billedet, hvor det bør kontemplere virkelighedens overliggende immaterielle del. For at kunne blive et helt menneske og genvinde sin gudbilledlighed må den seende så at sige selv – imaginært – stikke hovedet ind i skyen, *doxa*, som hyller den usynlige himmelske guddomsglans.

Det demonstrativt begrænsede billede handler altså i høj grad om sin egen status, afgrænsning og definition som billede, hvad enten det er skyen eller et andet billedelement, der markerer skellet og skaber en ramme. Et meget udtryksfuldt eksempel herpå findes i den såkaldte Facundus Beatus fra 1047, et illumineret mozarabisk manuskript med den førnævnte Beatus af Liébanas apokalypsekommentar, nu på Biblioteca Nacional i Madrid (fol. 176 verso).[43] Scener fra Johannes' Åbenbaring

---

[41] Vulgata (ed. cit.), II, 1698: »<...> videntibus illis elevatus est et nubes suscepit eum ab oculis eorum.«

[42] Cf. Robert Deshman: »Another Look at the Disappearing Christ: Corporeal and Spiritual Vision in Early Medieval Images«, in: *Art Bulletin* LXXIX, 3 (1997), 518-546, der citerer de modsvarende gammelengelske Kristi Himmelfarts-prædikener.

[43] Cf. Henri Stierlin: *Le Livre de Feu, L'Apocalypse et l'art mozarabe* (Genève 1978), 144f. (ill.).

(Åb.10,1-11,2) er afbildet under et segment af den vidtspændende himmelbue omkranset af et bånd med stjerner, som afslutter miniaturen foroven. Buen udgør en ramme, der påbegyndes for blot straks igen at blive afskåret og afbrudt. Billedet afslører kun en brøkdel, et fragmentarisk syn, af himmelsfæren, hvorfra der ifølge den lige så dunkle åbenbaringstekst lyder »en røst fra Himmelen« (Åb. 10,4). Derved kommer den selvbevidste ramme til at antyde et langt større univers uden for billedet, skønt den selv er tom og nægter at give beskueren et indblik i den antydede hinsidige verden. Det egentlige billedmotiv og centrum for fremstillingen er således forholdt både blik og billede, nemlig den apokalyptiske vision af den i himlen tronende guddom, som kendes fra andre beslægtede miniaturer og endda optræder få blade forinden i det selvsamme manuskript i en lignende indramning (fol. 173 recto). Ligeledes kan det åbenbarede Guds lam ses gengivet i en sådan cirkulær indfatning (fol. 147 verso),[44] om end også dette motiv udgør en ikonisk reduktion i forhold til det egentlige gudebillede – hvilket i øvrigt synes at være en medvirkende årsag til dets anvendelse i Apokalypsen med dens visionære blanding af mystificerende til- og afsløring. Den usete guddommelige prototype optræder åbenbart i forskellige graduerigner af den visuelle adgang hertil, i et selvregulerende system af ikonicitet medieret igennem større eller mindre ikoniske forbehold. I dette graduerede repræsentationssystem er især den åbne og uafsluttede indramning en virkningsfuld illustration af det guddommeliges ramme- og grænsesprængende karakter. Mens det synlige billedes virkelighed er begrænset og endelig, så er Gud derimod ubegrænset og – som det hedder hos tidens eksegeter, f.eks. i *Libri Carolini* eller hos den karolingiske 800-tals filosof Johannes Scotus Eriugena – *incircumfinitus* eller *incircumscriptus*, dvs. »uomskrevet« af noget menneskeskabt billede eller af nogen anskuelig grænse.[45] Beatus fastslår selv, at vi mennesker endda i kontemplationen ser Skaberens umådelighed på en indskrænket måde, hvori vi »omskrives« (circumscribimur) af vor eksistens som skabninger.[46] Billedet formår ikke synligt at indkredse det, det virkelig handler om, men er snarere selv indkredset af en usynlig ramme og eksistens uden for billedet. Det udstiller og temati-

---

[44] Cf. Mireille Mentré: *La peinture mozarabe, Un art chrétien hispanique autour de l'an 1000* (Paris 1995), 36f., pl. 19.

[45] Lib. Car. III, 15; MGH, 403; Johs. Eriugena: *De divisione naturae*, III, 17-19; *Patrologiae Latinae*, 122, 678ff.

[46] *Heterii et Sancti Beati ad Elipandum epistola (Apologeticum)*, II, 66; ed. cit. 920.

serer sin egen epistemologiske begrænsning i en selvreferentiel balanceakt, hvori det anskueliggøres, at der findes noget, som netop *ikke* kan anskueliggøres og erkendes i et billede. Miniaturen er ikke et billede af Gud, men et billede af, at Gud ret beset ikke kan afbildes. Gud omskriver os, og ikke omvendt.

Billedets selvsyn: visionen som billede i billedet

Tillader man sig den historiske abstraktion at opfatte den tidlige middelalders vestlige billedkunst som et samlet system – en komplementaritet af billeder og metabilleder – kan de forskellige typer af selvtematiserende fraværsbilleder altså siges at udfylde en korrigerende og bevidstgørende rolle i forhold til manifestationen af guddommeligt nærvær i tidens mange gengivelser af epifanier, åbenbaringer og visioner. Det indrammede eller på anden vis i-billed-satte fravær kommenterer og berigtiger illusionen om billedligt nærvær, som en slags vejledende kontekstuel ramme for åbenbaringsbillederne og deres visuelle reception. Men også i de tilfælde, hvor et billede, tilsyneladende uhindret, indrammer en ikonisk tilstedeværelse og indkredser en hinsidig fremtrædelse, findes der måder, hvorpå det kan medreflektere sin egen rolle i tilsynekomsten heraf. Ofte bæres en omkransende mandorla frem af engle som afgrænsning af et helligt syn eller visionsbillede, en ikonisk apparition, der fra det hinsides bryder ind i det dennesidige og viser sig for en åndeligt og socialt begunstiget betragter. Ét eksempel må stå for mange af denne type, nemlig en Majestas-afbildning på et af de indledende blade (fol. 2 verso) i det engelske New Minster Charter fra 966 på British Museum i London (ill. 4).[47] Her ses kong Edgar (957-975) overrække bogen med det selvsamme Charter til den himmelske fremtoning af Kristus blandt et hof af åbenbarings- og bæreengle, således at håndskriftet – i et billede – gengiver sin egen modtagelse i himlen. Skriftet udnytter med andre ord billedets store styrke, dvs. evnen til at fremkalde et nærvær og forlene selv det usete med en tilstedeværelse, når den synlige verden gennemtrænges af højere væsener. Men netop på grund af denne udifferentierede virkning af fremkaldelse og synliggørelse, hvis imaginære illusionisme også *Libri Carolini* advarer imod, må billedet samtidig ledsages af visse præciserende og selvdistancerende foranstaltninger.[48] Kristusbilledet, der frembæres

---

[47] Cf. Georges Duby: *The Making of the Christian West 980-1140* (Genève 1967), 26 (ill.).
[48] Lib. Car. III, 23; MGH, 441.

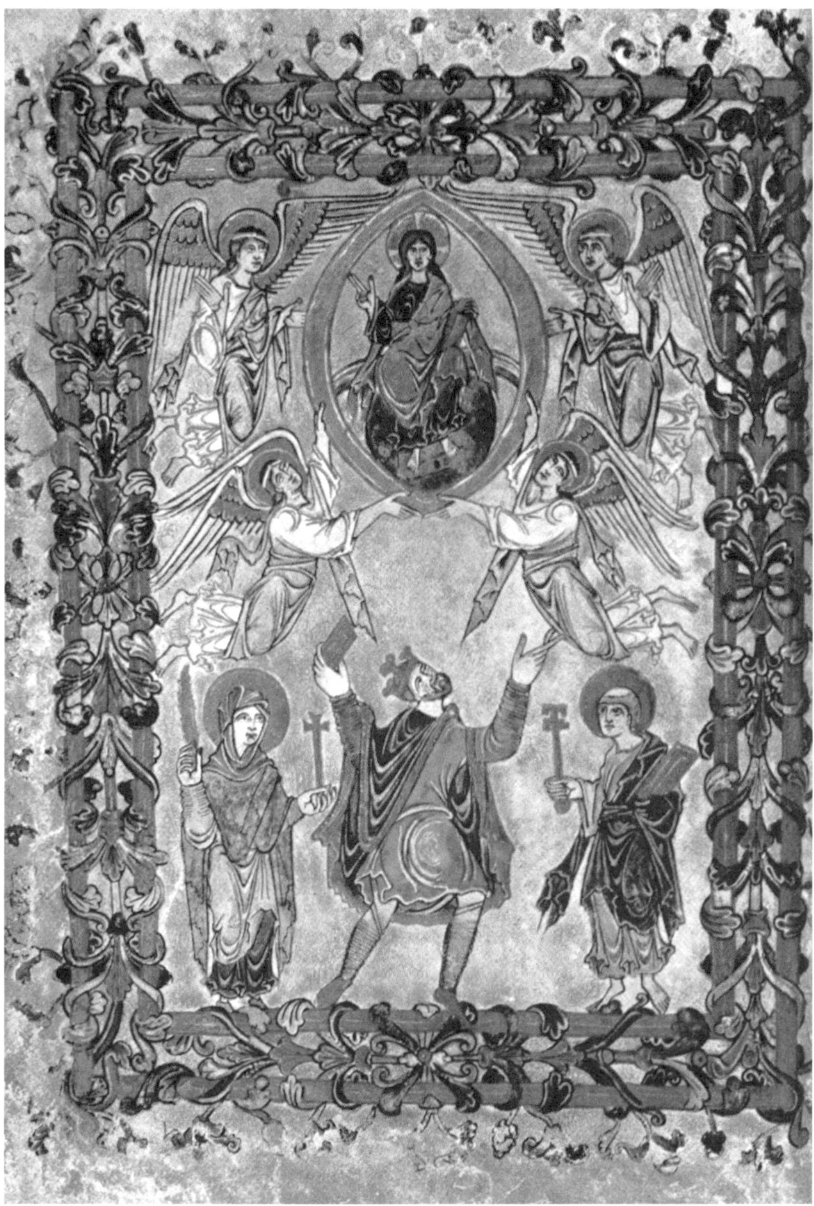

Ill. 4. Båret af englehænder viser Kristus sig - både som dennesidigt billede og som hinsidigt syn - for at modtage det engelske New Minster Charter fra 966 af kong Edgars egen hånd (London, British Museum, Cotton vesp. A.VIII, fol. 2 verso).

som et »billede i billedet«, balancerer derfor i en visuel dobbelthed, som er en ontologisk pointe bag et sådant indfældet ikon (ikke ulig et portræt i *clipeus*). På den ene side er der tale om et særligt åbenbaret billede, et hieratisk og sakrosankt synsbillede forklaret af, men udhævet fra det omgivende billedrum og dets rørelser. Det fremstår derved som en præsentation midt i repræsentationen, der kommer til syne inde fra denne for at blive fremholdt som en art »formidlet umiddelbarhed«. Præsenteret af de vingede budbringere som en hellig manifestation uden for tid og rum henvender teofanien sig direkte og frontalt til beskueren og illuderer at overskride billedrummets grænse for at transcendere det materielle billedes realitetsplan. Men på den anden side antydes også den uvirkelige og illusoriske karakter af disse forestillinger. Synet både realiseres og »derealiseres« som syn af den gyldent skinnende mandorla, der gengiver *doxa* – den aura af overnaturligt lys iblandt skærmende skyer, som på en gang åbenbarer og skjuler guddommen i bibelske tilsynekomster, lige fra overgivelsen af Lovens tavler på bjerget til Forklarelsen, Himmelfarten og Kristi genkomst.[49] Desuden understreger englenes konkrete berøring og fremholdelse af mandorlaen, båret i deres hænder som en ganske håndgribelig og taktil indramning af visionen, at denne blot er et fysisk og håndgjort billede. Apparitionens dobbelte natur består i samtidig at være et overnaturligt syn fra Guds hånd og en jordisk materialisering af synsbilledet i et håndfast ikon. Billedet visualiserer selv, at det netop kun er et billede, der ses af betragteren: kun et synligt og menneskeskabt billede, men ingenlunde den usynlige og uindskrænkede Gud selv – kun billedlig formidling, men ingen umiddelbar tilstedeværelse.

Endnu en indskrænkning kommer til udtryk i, at billedet selv begrænser receptionen til en særligt udpeget beskuer, afbildet i skikkelse af den nådessalvede sakrale konge. Dette jordiske genbillede af Frelserens tronende majestæt, en sand *vicarius Christi,* er åndeligt udrustet til at se det åbenbarede Kristusbillede, som det virkelig skal ses, i hjertets visionære synsmodus. Som visionens beskikkede modtager, anbragt centralt under denne og anbefalet af to flankerende helgener, kvalificeres han af selve billedet til at være dets privilegerede seer, der ikke forveksler legemligt og åndeligt syn. Her ses et billede altså igen implicere sit eget korrekte idealsyn i sin kvalificerende foregribelse og styring af receptio-

[49] Cf. Deshman (1997), 523; samt William Loerke: »Observations on the Representation of *Doxa* in the Mosaics of S. Maria Maggiore, Rome, and St. Catherine's, Sinai«, in: *Gesta* XX (1981), 15-22.

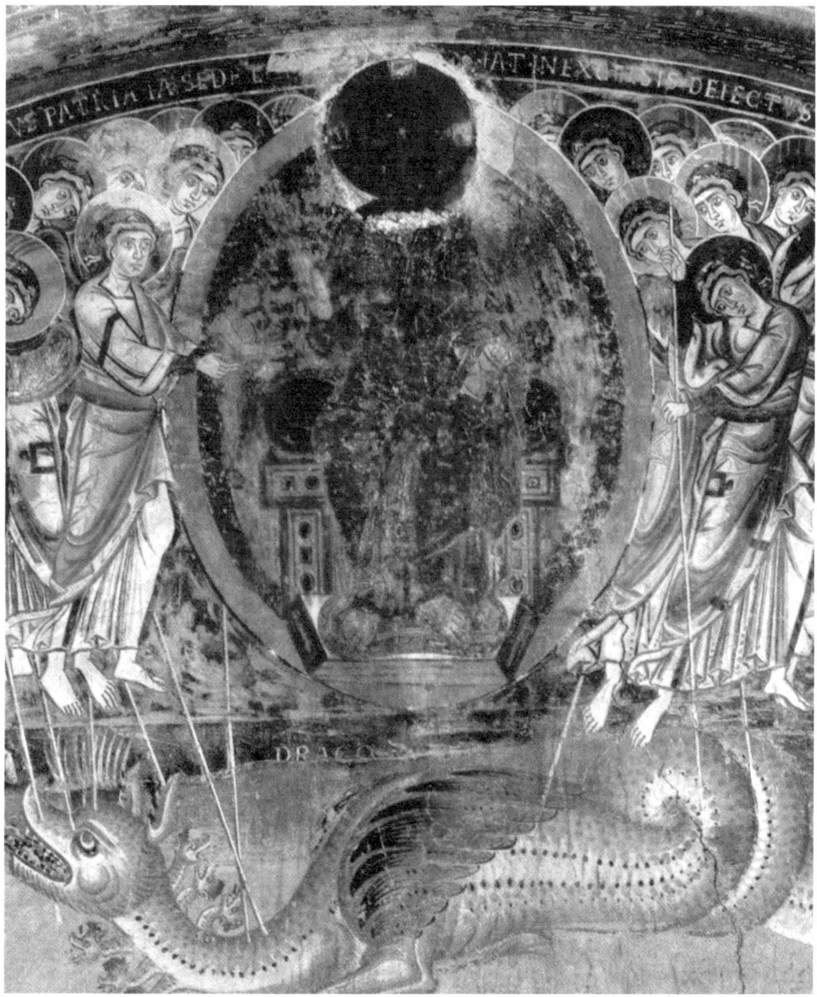

Ill. 5. Blandt hellige og uhellige figurer i bevægelig handling har den frontale Frelsers fikserede åsyn været for helligt til at blive set på almindelige vilkår og har i stedet fremtrådt på en separat grund. Fresko fra slutningen af det 11. århundrede på vestvæggen i San Pietro al Monte i Civate i Lombardiet.

nen – en visuel idealitet, der i dette tilfælde selvfølgelig især har været opnåelig og virksom, når kongen i egen person indtog pladsen foran billedet som dets faktiske recipient. Men det kongelige øjes tilstedeværelse foran billedet er på sin vis ikke engang nødvendig for at realisere synet heraf. I en vis forstand ser det selvrefleksive billede jo allerede på sig selv igennem sin afbildede betragter og sin implicitte anvisning af den rette synsmåde. Den receptionskontrollerende fremstilling udøver en art *billedets selvsyn.* Visionen fortæller selv, hvordan den vil ses, nemlig præcis som vision.

Ikonet som stof: det indsatte billede

I kraft af sin »billede i billedet«-mekanisme evner det selvindrammende billede således at foretage en intrikat skelnen mellem det fysiske billede, visionsbilledet og den åndelige vision fremkaldt hos betragteren. En sådan distinktion kunne man, som kunsthistorikeren Herbert Kessler har påpeget, også visualisere ved at lade det guddommelige åsyn fremtræde på en separat grund, der adskilte sig materielt fra resten af det afbildede og derved understregede sin egen materialitet og stoflighed som billede.[50] Malet på f.eks. en fremspringende stukflade, et indføjet lærred eller et påhængt træpanel fik Guds portræt karakter af et indsat billede, appliceret udefra på andre betingelser end den øvrige figuration. Dette har været tilfældet i en fresko fra sidst i det 11. århundrede i San Pietro al Monte i Civate i Lombardiet (ill. 5).[51] Vægmaleriet gengiver kampen mod dragen i Johannes' Åbenbaring, dvs. endnu en bibelsk situation, hvor Kristus optræder i sin guddommelige majestæt, men kun er kendt gennem åbenbaringens profeti og derfor utilgængelig for almindelig sanselig anskuelse. Fremtrædelsens særstatus vises ved, at selve Kristus-ansigtet har været udskilt og fremhævet, måske som en art påsat ikon. Det indsatte billede er for længst gået tabt, men i kraft af sit stoflige nærvær og sin genstandsmæssige karakter må det i sammenhængen have virket som en slags ikonisk relikvie – et sakralt billede forlenet med et fysisk formidlet genskin af den afbildedes tilstedeværelse. I forhold til den omgivende flade og dens visuelle repræsentation har det fremspringende portræt kunnet præsentere sig som et mere »virkeligt« og nærværende billede, hvis iboende hellighed og autenticitet har gjort det ophøjede

[50] Herbert L. Kessler: »Real absence, Early medieval art and the metamorphosis of vision«, in: *Morfologie Sociali e Culturali in Europa fra Tarda Antichità e Alto Medioevo*, Settimane di Studio del Centro Italiano di Studi sull'Alto Medioevo XLV (Spoleto 1998), 1157-1211; id.: *Spiritual Seeing, Picturing God's Invisibility in Medieval Art* (Philadelphia 2000), 132ff.

[51] Cf. Charles R. Dodwell: *The Pictorial Arts of the West 800-1200* (New Haven, London 1993), 182, ill. 170.

motiv til noget så problematisk (ifølge *Libri Carolini*) som en stoflig apparition af formidlet umiddelbarhed.

Imidlertid kan netop denne fysiske virkning samtidig aflæses som et billedskeptisk udsagn, der korrigerer den ureflekterede tro på særligt autentiske og levende billeder (hvilket indgår i Kesslers argumentation). Afbildningen sættes i relief, bogstavelig talt, som »bare« et materielt billede, en død genstand, der først vækkes til sit hellige liv i den tilbedende reception. Konfronteret med gudeportrættet – en særlig problemfyldt billedkategori – gøres beskueren opmærksom på, at han ser et *billede* af Gud, og ikke Gud. I en vis forstand kan det påhæftede ikon ligefrem ses som et stofligt slør, der dækker for synet af, og indsigten til, det virkelige guddommelige åsyn skjult »bagved« billedets falske imaginære virkelighed. Igen optræder en selvreferentiel dobbelthed i bestemmelsen af det billedlige, hvor dette undersøger sig selv på både godt og ondt: På den ene side iscenesættes billedet som hellighed besjælet med kultisk værdi og ikonisk præsens, på den anden side kritiseres netop dette billedsyn og dets fejlagtige identifikation af præsens og repræsentation, billedet som væren og billedet som tegn. På en gang både lig og ulig det afbildede guddommelige må billedet afsjæles som materie, netop fordi det synes besjælet som relikvie. Tilsyneladende er det selve denne dobbelthed eller ambivalens, der mest af alt karakteriserer den middelalderlige kulturs forhold til og reception af billedet. Man advarer forsigtigt mod billeders mangler, samtidig med at man fromt fortaber sig i deres kvaliteter. Man ser ud over dem i ét blik og ind i dem i det næste – lader øjnene indse deres indre fravær og beruse sig i deres visuelle nærvær. Som Ordets og skriftkulturens *Andethed* er det billedets skæbne samtidig at blive både nedgjort og ophøjet, forkætret og forgudet, tugtet og begæret.

Bevæger vi os sluttelig ind i senmiddelalderen, vil vi kunne iagttage pendulet svinge fra den tidligere billedskepsis, som ikke længere dominerer den visuelle diskurs, i retning af billedbegæret.[52] Denne senere tids metabillede par excellence skal netop findes i den billedtype, der på en gang er både billede og relikvie, og som overskrider eller i hvert fald rækker ud over ikoniciteten ved ikke at være malet – eller »ikke gjort af

---

[52] For en behandling af skriftlige kilder og billedlige udtryk for det omsiggribende visuelle begær fra 1200-tallet og frem, cf. Hans Henrik L. Jørgensen: »Desiderium videndi Deum, Senmiddelalderens hellige skuetrang i billede og kult«, in: Hans Jørgen Frederiksen et al. (udg.): *Kunsten taler, Festskrift til Lise Gotfredsen på 75 års dagen* (Århus 2004), 113-129.

menneskehånd«. Et ikon af denne mirakuløse kategori må nødvendigvis tematisere sin egen billedlighed, dels for at demonstrere sin guddommelige eller angiveligt autentiske oprindelse som billede, dels for at legitimere sin besiddelse af et særligt helligt nærvær med undergørende kvaliteter. Det gælder ikke mindst Veronica'en, det sande ikon eller *Vera Icona*, dvs. svededugen med det virkelige portræt af den inkarnerede Guds hellige ansigt eller *sancta facies*. I den legendariske gengivelse af Herrens legemliggjorte åsyn som et aftryk af Jesu blodsved på et stykke stof eller *sudarium* er stoffet den afgørende garant for billedets ægthed og hellige værdi. Dette udtrykkes gennem Veronicas præsentation af det stoflige billede i en »billede i billedet«-relation, der både henviser til portrættets oprindelse og sørger for at gøre det tilgængeligt for betragteren, fremholdt for denne som underfuldt billedrelikvie.[53] I en bemærkelsesværdig version af motivet udført af den såkaldte Flémalle-mester, Robert Campin (ca. 1375-1444) er svededugen fremstillet som et tyndt og gennemsigtigt slør med et uudgrundeligt Kristus-ansigt svævende mellem tilstande af virkelighed og uvirkelighed, stoflig tredimensionalitet og billedlig todimensionalitet (planche II). Ansigt til ansigt med beskueren forstår billedet ikke længere sig selv som et tvetydigt syn af fraværet, skuet »som i et spejl og i en gåde«. Det er nu blevet til et let, transparent slør, der åbner sig for blikket i stedet for at hylle gudebilledet bag Mosebøgernes mørke, skyer og mulm eller bag obskure billedtegn og -rammer. Men det gør for så vidt ikke dobbeltheden mindre: På den ene side konfronteres betragteren med Frelserens eget billede i et stærkt og påtrængende nærvær, på den anden side fremstår det mere end nogensinde som netop et billede – tydeligvis gjort af jordisk stof. Trods sin åbenbare materialitet er det porøse portrætbillede alligevel samtidig så luftigt og flygtigt, at det afbildede ansigtsaftryk kan forekomme at frigøre sig fra selve stoffet som et mystisk syn svævende foran sin diafane billedflade. Omgivet af et tyngende og tætvævet sceneri af taktile og sanselige stoffer møder Kristus alligevel øjet i en vægtløs vision af ikonisk umiddelbarhed, på en gang forklaret og fordunklet i sin fremtoning.[54] Det kan synes som

---

[53] Cf. Hans Belting: *Likeness and Presence, A History of the Image before the Era of Art* (Chicago 1994), 221f.

[54] Den paradoksale og mystiske dobbelthed af forklarelse og fordunkling udtrykkes ligeledes i middelalderlige beskrivelser af Veronica'en, eksempelvis i hymner som »Ave facies praeclara« og »Salve sancta facies«, begge gengivet af Belting (1994), 543f.

om, at billedets forunderlige dobbelte realitet her står isoleret frem – som utilsløret billedlighed i sin reneste og, tør man måske sige, mest guddommelige form.

Konklusion: middelalderlige vs. moderne metabilleder

Tog billedets refleksion over sit forhold til det guddommelige udgangspunkt i billedforbudet og de ikonoklastiske forestillinger, kan det altså synes at have mundet ud i selvreferentielle manøvrer, der i lige så høj grad var rettet mod legitimering og underbygning af billedet. Resultatet af denne spænding har været en opfindsom udforskning af det middelalderlige billede i en række forskellige, men nært beslægtede, metabilledlige modaliteter, såsom antibilledet, det spaltede billede, det indrammede vindue eller billede i billedet, billedet uden for billedet og det indsatte billede. En inspiration for denne karakteristik har været Victor I. Stoichitas bog om det tidligt moderne metabillede: *L'Instauration du Tableau* eller *The Self-Aware Image*. Her behandles den visuelle selvreferentialitet som et fænomen, der er særligt kendetegnende for det moderne billede, og som har rødder i bl.a. reformationstidens ikonoklastiske billedtænkning. Et centralt sted refereres endda til Luthers læsning af *Libri Carolini* samt dennes støtte til synspunkterne heri som en væsentlig historisk baggrund og genererende faktor for det 17. århundredes selvbevidste billede.[55] Argumentationen for udviklingen af den særlige billedbevidsthed, som moderniteten angiveligt besidder, og som lige fra starten manifesteres i det moderne billede, må således inddrage middelalderens byzantinske billedstrid og latinske billedkritik. Det er derfor nærliggende at betænke, om metabilledligheden virkelig skulle være et a priori moderne fænomen, når nu den tilgrundliggende billedskepsis og -refleksion har så ufravigelige middelalderlige aner. Stoichita er på ingen måde historisk indskrænket, og tilbøjeligheden til at privilegere det moderne billede i så henseende skyldes snarere en strukturelt betinget forestilling om moderniteten (og det moderne menneske) som bestemt af selvbevidsthed og selvrefleksivitet. For middelalderen har man straks sværere ved at antage den slags bevidsthedsmanøvrer, simpelthen fordi bevidstheden – og med

[55] Victor I. Stoichita: *The Self-Aware Image, An Insight into Early Modern Meta-Painting* (Cambridge 1997), 91. I øvrigt blev selv adoptianismens kætteri inddraget som argument i 1500-tallets billeddiskussion.

den billedet – ikke i sidste instans refererede tilbage til sig selv, men til Gud. I det teocentriske verdensbillede var Gud altid det implicitte, hvis ikke eksplicitte, centrum, både for mennesket og for billedet.

At dette dog ikke forhindrede en livlig selvrefleksiv aktivitet, fremgår imidlertid af de middelalderlige metabilleder selv. Hvor det moderne billede handler om sig selv som kunstnerisk billede – dvs. tematiserer billedet som billede og som kunst – handlede det middelalderlige billede om sig selv som helligt billede – tematiserende billedet som billede og som gudsvision. Var gudsforholdet nok bestemmende for billedet, så deltog billedet til gengæld også i bestemmelsen af det guddommelige og af menneskets mulighed for at nå dette gennem et billede (med en forståelse af »billede« på både et bibelsk, teologisk og ikonisk plan). Det andet bud og dets billedlige efterspil medvirkede, når alt kommer til alt, til at definere Gud, lige så meget som Guds budord medvirkede til at definere billedet. Billedets bud på Gud indebar og medtænkte også Guds bud på billedet. Derfor handlede Guds billede både om Gud og om billedet selv.

»Min Bog, min søde Sorg, min lystig Hofvedbryder...«

Fiktionsdannelsen i Anders Arrebos skabelsesepos Hexaëmeron

Jens Bjerring-Hansen

Neque enim humana ratio altius potest ascendere, quam ut statuat mundum esse aeternum et infinitos homines praecessisse nos ac sequi; hic cogitur subsistere.

Luther, *Genesisforelæsning*[1]

Digtningen må ikke forvanske dokumenterne. Digtningen er dokumenternes besudler.

Høegh-Guldberg om Miltons *Det tabte Paradis*

(i P.O. Enquists *Livlægens besøg*)[2]

Anders Arrebos (1587-1637) *Hexaëmeron* (skrevet o. 1631-37 og udgivet posthumt i 1661) er på én gang en videnskabelig og poetisk udlægning af skabelsesberetningen i *Genesis* og trosbekendelsens første artikel. *Hexaëmeron* har som det første store og sammenhængende værk skrevet på modersmålet en særstatus i den danske 1600-tals litteratur, som senere suppleredes med Anders Bordings vers-avis *Den danske Mercurius* (1666-77) og Elias Naurs passionsepos *Golgatha paa Parnasso* (1689). I et europæisk perspektiv er Arrebos værk en mere epokal foreteelse. Det repræsenterer to veletablerede genrer: eposet og den litterariserede skabelsesberetning, som hver især havde dybe rødder tilbage i tiden, til hhv. antik og middelalder, og som begge havde fået nyt liv i senrenæssancen. De mødtes én gang før Arrebo, nemlig i Guillaume du Bartas' *La première*

[1] Martin Luther: *Genesisvorlesung* [1535-45], in: *Martin Luthers Werke. Kritische Gesamtausgabe*, bd. 42 (Weimar 1911), 5b.

[2] P.O. Enquist: *Livlægens besøg*, oversat af Nanna Thirup (København 2000), 18.

Sepmaine (1578), der tjente som hans vigtigste forlæg.[3] Hexaemerongenrens historie kan for det store overbliks skyld skitseres med lokalt perspektiv: Arrebo havde en forgænger i Anders Sunesens latinske *Hexaëmeron* fra begyndelsen af det 13. århundrede og en efterfølger i svenskeren Haquin Spegels du Bartas-gendigtning *Guds verk och vila* (1685), som indledes med Arrebos »Fortale til Skaberen« i oversættelse.[4]

Arrebos *Hexaëmeron* står på troens og traditionens grund og befinder sig særdeles vel dér, men man aner alligevel ind imellem og i glimt, at det er blevet til i en brydningstid. Læst med forstørrelsesglas trænger radikalt ny forestillinger sig på i såvel den videnskabelige som den poetiske eller litterære del af Arrebos projekt, og det er disse i høj grad latente og forfatteren ubevidste brydninger mellem gammelt nyt i værket, der i det følgende vil blive stillet skarpt på. Vægten skal her især lægges på *Hexaëmerons* poetiske/litterære sider, nærmere bestemt det potentielt konfliktfyldte forhold i værket mellem en kristen-religiøs kanon og en prøvende fiktion: hvordan sætter Anders Arrebo det vældige og autoritetstyngede emne i scene, og hvilke overvejelser giver det anledning til hos iscenesætteren? Til at begynde med skal der imidlertid gøres ophold ved den anden, videnskabelige side af værket, som rummer en parallel brydning – med et endnu større konfliktpotentiale.

---

[3] *Hexaëmeron* var resultatet af en bestillingsopgave, der lød på at sætte den franske calvinist og senrenæssancedigters værk på danske vers, men i det følgende vil *Hexaëmeron* alligevel i høj grad blive betragtet som Anders Arrebos værk, eller i hvert fald mere som en gendigtning end en oversættelse, og da slet ikke som »et anonymt udtryk for en ny europæisk stilskole«, som Ejnar Thomsen ville det i 1935, jf. *Barokken i dansk digtning* (København 1935/1971), 72. Den markante accentforskel mellem dengang og nu skyldes vel først og fremmest, at kildeforholdene i *Hexaëmeron* er blevet klarlagt med Vagn Lundgaard Simonsens disputats *Kildehistoriske studier i Anders Arrebos forfatterskab* fra 1955. Her påvises det, dels at Arrebo havde mange forlæg og ikke blot du Bartas' tekst, dels - og vigtigst - at en stor del af stoffet og kompositionen var Arrebos egen.

[4] For mere udførlig introduktion til Arrebos *Hexaëmeron* henvises til Peer E. Sørensens afsnit »Reformpoesi og sprogpatriotisme« in: *Dansk litteraturhistorie*, bd. 5 (København 1983), 95-113, som sætter værket i litteraturhistorisk perspektiv, Torben Mundbjergs portræt af »Anders C. Arrebo« i det elektroniske *Arkiv for Dansk Litteratur* (på www.adl.dk), hvor det ses i lyset af det øvrige forfatterskab, og endelig de første par afsnit af Erik A. Nielsens store læsning »Lystforundret. Anders Arrebo: *Hexaëmeron*« i hans *Lyrikere. 15 digtere og et digt* (Hellerup 2001), 23-44.

Skabelsestro og ny videnskab

Hexaëmeron har et ærefrygtindgydende omfang, ligesom værkets lærdom er svimlende, hvad bl.a. forfatterens mange marginalnoter vidner om. Men både bredden og dybden følger direkte af emnevalget og skyldes jo, at det projekt, Anders Arrebo har givet sig i kast med, principielt er uendeligt, nemlig verdens skabelse og den skabte verdens mangfoldighed, altings indretning og formål: stjernernes farve, Randers-laksens spring, den menneskelige ørekanals form osv. osv. Han må derfor indhente viden fra adskillige videnskaber, det vil selvfølgelig først og fremmest sige teologien, men også alle dens »hjælpevidenskaber« fra astronomi til zoologi.

Digtet er en lang hyldest til skaberen og skabelsen, flot intonerende i den af forlæggene helt selvstændige fortale. Her hedder det bl.a.:

> Jorderig er opfyldt af HErrens Godhed fra grunde,
> Jorderig er forgyldt med HErrens Gafver de runde!
> (51,30-31)[5]

Bag disse vers ligger den tankegang, at Skaberen kan kendes på sit værk og omvendt, et såkaldt kosmologisk gudsbevis. At ikke alene Gud, men også verden – som en funktion heraf – er god og rig, bestemmer da holdningen i *Hexaëmeron*, hvor skaberværket mødes med tillid, begejstring, nysgerrighed og frem for alt forundring. Og ligesom Gud er det, er hans skaberværk fri for fejl. I det interessante afsnit på sjettedagen om menneskets »indvortis Hemmelighed«, en regulær scene fra det anatomiske teater på skrift, hedder det om hjernen:

> Den Mester er *perfect*! skal jeg *Scalpellen* gribe
> Oc dobbelt Hierne-skal tre-kamred, aabned gifve?
> (247,27-28)

Vi er lige langt fra den calvinistiske pessimisme i forlægget af du Bartas som fra leden ved naturen og verden i den bodskristendom, der var på trapperne herhjemme; mens det menneskelige legeme hos Kingo en generation senere er en »Ormesæk« o. lign., priser Arrebo her »den skønne Krop« (243,7). Snarere er hans grundsyn luthersk – man kan næsten sige skabelsesteologisk – i sin rod. Luthers imperativ til bibellæse-

---

[5] Side- og linjetal refererer til Vagn Lundgaard Simonsens tekstkritiske udgave, Anders Arrebo: *Samlede Skrifter*, bd. 1 (København 1965).

ren om at tage skriften på ordet og den distance til allegorisk tænkning, der ligger heri, åbner jo samtidig for muligheden for at forstå naturen konkret. Så selvom *Hexaëmeron* er fuld af teoretisk andenhåndsviden, og selvom det teologiske udgangspunkt er skrifttro, er der paradoksalt nok mange og slående tilløb til empiri og umiddelbar erfaring, ligesom skildringen lever mest, når Arrebos jeg går på opdagelse med benene på jorden og øjne og ører åbne.[6]

Her er vi da ved de epokale brydninger mellem nyt og gammelt i værket. For den moderne (og bagkloge) læser er det spændende at se, hvordan empiri eller det, der ligner, indimellem lægger pres på den teocentriske forestilling om den perfekte gudskabte verden. Særligt i de passager, der behandler verdensbilledet, udspiller der sig Arrebo uafvidende et sandt drama.

Arrebo bekender sig selvfølgelig – alt andet ville have været sensationelt – til det velafrundede og overskuelige aristotelisk-ptolemæiske system, hvis centrale forestilling om jorden som universets centrum er kongruent med den kristne kosmogoni i *Genesis*, hvor alt lige fra *day one* kredser om jorden. Derfor »igendriffvis« »Kopernikus med sit Selskab« (168-69 med Arrebos note f) og påstanden om, at jorden skulle dreje om solen, med en række modbeviser, der sikkert er følgerigtige inden for den traditionelle videnskab. Et af dem er særligt indtagende: Hvis jorden bevægede sig, ville fuglene ikke kunne finde deres reder igen. Arrebo holder sig naturligt nok til Ptolemæus. Også Galilei optræder, indirekte: I afsnittet om himmelrummet vil Arrebo ikke gå nærmere ind på en beskrivelse af Mælkevejen. Det er bare en masse stjerner, og »om du her tvister paa, Brug *Galilæi* Øje« (101,10), dvs. en kikkert. Man studser her over, hvor henkastet disse linjer falder, men igen: Arrebo kunne jo ikke vide, at netop kikkerten skulle vende alting på hovedet.[7] Det er også kun tankevækkende i retrospekt, når han inddrager Tycho Brahes banebrydende observationer, der var med til at underminere det geocentriske verdensbillede. Om himlen hedder det, med Brahe som kilde:

---

[6] Arrebo var ikke alene med sin teologisk forankrede interesse for den konkrete, sansbare natur. Den ses også i strømninger i 1500- og 1600-tallets fromhedstradition, fx den såkaldte *Hortulus animæ*-litteratur om den »åndelige urtehave« og Johann Arndts *Liber Naturae, eller Naturspeyel*, der som den første af hans *Vier Bücher vom wahren Christentum* (ty. 1605-10) i 1618 oversattes til dansk. Om denne idé- og teologihistoriske kontekst, se Bengt Arvidsson: *Naturlig teologi och naturteologi. Naturen som bild i dansk fromhetstradition omkring år 1600, Studia Theologica Lundensia* 45 (Lund 1990), særligt 7-42.

[7] Det var netop på baggrund af kikkertobservationer, Galilei skrev sit berømte forsvar for det kopernikanske system, *Dialogen* fra 1630 - samme år, som Arrebo tog fat på *Hexaëmeron*.

Det *corpus* er saa stoort, at Jorden der mod regned
Er som en liden Prick paa største Tafle tegned.
Der findis Stierner oc, langt størr', end Jorden, mange
En deel meer' end sex oc halffemsindstive gange.
(97,10-14)

I dette og i de andre eksempler trænger det ny paradigme om det grænseløse univers sig virkelig på. I virkeligheden ryster jorden under Arrebo, men han står rank og forundres nu blot endnu mere over skaberværket og dets uendelige storhed. Her og i det hele taget formår han at indordne alt, hvad han har læst eller sanset – også det seneste nye! – i sit verdensbillede, som kun kender én virkelig autoritet, Bibelen. Luthers diktum *sola scriptura* (kun skriften!) bliver det hermeneutiske udgangspunkt i Arrebos verdensforståelse, og det anes flere steder i poetisk forklædning, når tingene skal sættes på plads. Da vælger han at »betracte den mosaiske Røst«, »Segle for Guds Ords Segl« eller »med Mose Kalf at pløje« (57,9; 64,6; 93,9).

Når Arrebos behandling af Kopernikus, Galilei og Brahe her fremdrages, er det naturligvis ikke for at hævde, at Arrebo burde have draget konsekvenser af den ny viden,[8] men for at efterspore nogle tidlige aftryk efter radikalt nye forestillinger, inkommensurable med det traditionelle velordnede system. *Hexaëmeron* kan med Erik A. Nielsens ord betragtes som »intet mindre end en primærkilde til det store erkendelsesskifte, der grundlagde vores moderne verden i 1600-tallets løb«.[9] Omvæltningen i astronomien er blevet set som det symbolske udtryk for dette skifte, også fordi det ny verdensbillede fornemmes som en bekræftelse af et nyt menneskesyn.

Kanon og fiktionsdannelse

Den antydning af en udfordring af den gamle orden, vi har set i de videnskabelige dele, kan også spores i de litterære dele af Anders Arrebos dobbeltprojekt. Ligesom en religiøst fattet erfaring står over for den moderne videnskab, mødes og brydes her bibelsk kanon og litterær videre-

---

[8] Hvad hans berømte landsmand Brahe jo i øvrigt heller ikke gjorde. Spørgsmålet om verdensbilledet var herhjemme ikke engang afklaret i 1720'erne, da Holberg gav det sin berømte litterære behandling i *Erasmus Montanus*.

[9] Nielsen (2001), 24.

bearbejdning, et møde, som allerede ligger i værkets anlæg: at sætte skabelseshistorien på vers. Når Nyerup og Rahbek udråbte Arrebo til »vor Digtekunsts Fader«, var det – typisk for den tidlige reception – først og fremmest med tanke på den sproglige fornyelse og det metriske pionerarbejde, denne store versificering udgør,[10] men hædersbevisningen rammer egentlige bredere. *Hexaëmeron* kan opfattes som et banebrydende værk i dansk litteraturhistorie, for så vidt som det må betegnes som det første store episke forsøg skrevet på modersmålet. Digtekunsten, forstået som især de episke træk i værket, består ikke af en egentlig handling eller intrige, der driver fortællingen og læsningen frem, for *Hexaëmeron* har »ingen anden hovedperson end Skaberen selv«,[11] og det er hans solopræstation, der står i centrum. Det, der adskiller teksten fra et teologisk-eksegetisk eller naturvidenskabeligt kompendium, er først og fremmest det påfaldende fremskudte og centrale jeg, og det er dette jeg, det skal dreje sig om i det følgende. Jeget har to overordnede funktioner. På den ene side repræsenterer det en betragter, der leder os igennem verdens første uge og gør skabelseshistorien levende, på den anden side den reflekterende digter, der overvejer det besværlige og principielt urimelige ved denne fiktion.

Fiktionen

Det formelle kompositionsprincip i Hexaëmeron er klart nok: Værket har seks dele, én for hver af Guds arbejdsdage, som de er beskrevet i Genesis. Også de enkelte dele viser, hvordan Hexaëmeron er disciplineret i forhold til sin bundethed til kanon. De indledes alle med det aktuelle skriftsted – i Resens bibeloversættelse fra 1607. Hierarkiet er ikke til at tage fejl af. Den autentiske tekst må komme først, så følger Arrebos poetisk-videnskabelige udlægning af teksten, og forholdsvis forsigtigt slippes en fiktionsdannelse løs.

Trods sin strenge overordnede komposition kan *Hexaëmeron* for en umiddelbar betragtning synes noget strittende og fragmenteret i sin struktur, hvad ikke mindst skyldes de mange teksttyper, digtet indehol-

---

[10] Ordene stammer fra Nyerup og Rahbeks forelæsninger over de danske digtere, 1798-99. Citeret efter Holger Fr. Rørdam: *Mester Anders Christensen Arrebos Levnet* (København 1857), 240, hvis kapitel, »Arrebos Efterslægt og Eftermæle«, udgør et interessant rids af de første godt 200 år af forfatterskabets modtagelse.

[11] Nielsen (2001), 25.

der: Ud over den bærende videnskabelige udlægning og polemik, som der er givet eksempler på ovenfor, rummer det en lang række hyldestdigte og lovtaler til Skaberen. Ellers er et afsnit komponeret efter allegoresens mønster (afsnittet »Oc Gud saa, at Liuset var godt.«, 68,9ff), et andet er en både poetisk og nøgtern skildring af natten (afsnittet »Oc der blev Aften...«, 72,18ff). Desuden har vi den effektfulde dramatiske iscenesættelse, fx i beretningen om løven på sjettedagen (226,13-28), og en række små parabler, specielt på den femte og sjette dag, hvor de zoologiske beskrivelser ofte glider over i fabler, der udlægges opbyggeligt, som fx i historien om de kætterske kameler (229,6-230,10). Endelig er der de hundredvis af marginalnoter samt – i den trykte udgave, som den sendtes på gaden i 1661 – titelblad, ærevers, fortaler, m.v., alt det, man med den franske litteraturforsker Gerard Genette kunne kalde »paratekster«. Det er en stor bedrift, at Anders Arrebo på trods af den monstrøsitet, som mangfoldigheden af genrer og tekster inden for værket afføder, alligevel formår at skabe en sammenhæng. Dette skyldes, som Erik A. Nielsen har vist, at Arrebo formår at udfolde den forestilling om det elementares forædling, som også driver skabelsesberetningen i *Genesis* frem: urmateriens stadige formgivning og forfinelse, der kulminerer i mennesket, skabt i Guds billede.[12] Arrebo benytter sig imidlertid også af *formelle* greb for at holde sammen på stoffet og – langt hen ad vejen – læserens interesse fangen. Det vigtigste af disse greb er hans avancerede og dristige brug af jeg-fortælleren.

Fiktionen i *Hexaëmeron* tager først for alvor form i afslutningen på det andet såkaldte »Anhang« til første dag, et appendiks, der behandler englenes skabelse: Fortælleren ville gerne have fortsat sin hyldest til »Guds Legater«,

---

[12] Synspunktet sammenfattes således: »I modsætning [til den alfabetisk og derfor arbitrært komponerede encyklopædi] hierarkiserer *Hexaëmeron* sin verdensforståelse efter skabelsesordenens klassifikation, der interesserer sig for beslægtethed og for rangorden af stigende bevidsthed, og fokuserer verden i et brændpunkt.«, Nielsen (2001), 24. Interessant nok, har Heinrich W. Schwab vist, at samme ideelle komposition ligger bag Joseph Haydns behandling af stoffet i vokalværket *Skabelsen* (1799). Den indledes med et »urknald« og en »klangsøjle« i C, der siden moduleres til dur- og moltonearterne og danner udgangspunkt for melodiske forløb. Heinrich W. Schwab: »Schöpfung in der Musik um 1800«, foredrag ved konferencen *Ritual and Creation* på Institut for Kirkehistorie ved Københavns Universitet, 13/12 2003.

Men det nu saa er fat, at jeg skal længer reise,
Jeg maatte blifve træt af første Dages Leitse,
Min Færsels Lyst forgik, oc jeg saa slet blef hiemme,
Den søde Dicter-pen, de Sucker Vers at glemme. [...]
Saa vil jeg nu bryd' af, med Aftenbak at hvijle,
Saa jeg i morgen foort ved Hanegal kand iile.
(86,1-4 og 11-12)

Her ses fiktionens centrale elementer: Skaberværket og kunstværkets tilblivelse forløber parallelt. Vi skal tænke os det oplevende og skrivende jeg på en ugelang odyssé gennem skaberværket, hvor han hele tiden er samtidig med skaberguden og kigger ham over skulderen.[13] Som det ses, drives illusionen så vidt, at fortælleren lægger sig til ro og står op på samme tid som Skaberen. Dette har til formål at kæde de seks dage sammen. Værket får en guirlandestruktur, der forener tidens lineære forløb med døgnets cyklus – en struktur man også finder i førsteparten af Kingos *Aandelige Siunge-Koor* (1674). Fiktionen har også betydning for kompositionen på mikroniveau, altså inden for de enkelte dage. Arrebo udnytter ligeledes dagens fremadskriden til med kompositionsbemærkninger at strukturere fortællingen, når han skal fra et emne til et andet. Det ser man midt i afsnittet på tredjedagen, hvor fortælleren rives med af sin begejstring over havet, floder, bække, strømme osv. og pludselig får travlt, for solen står i syd, og han skal også nå at beskrive jorden og dens »ziirlige Klædning«:

Men det at skrifve her, vil Dagen icke lide,
Jeg ser på mit Compas, det er mod Middags tiide.
(137,13-14)

---

[13] Afslutningsvis får denne parallel mellem skaberværk og kunstværk pludselig kød på. Anders Arrebo nåede aldrig at skrive den - formentlig planlagte - afsluttende syvende dag, hvor Gud hviler; titlen, *Hexäemeron* (»de seks dages værk«), skyldes med stor sandsynlighed hans hengivne søn og udgiver. I en »Kort Beslutning ofver den siuende Dag« kæder sønnen på gribende vis Skaberens hvile oven på sin kraftpræstation sammen med faderens skrivesituation og livsskæbne - med udgangspunkt i de vers, han afsluttede den sjette dag med: »Bryd af, sluk Liuset ud, Sabbathen krefver Hviile; / I Morgen tiilig op til HErrens Huus at iile« (259,14-15).

Om aftenen indfinder trætheden sig hos jeget oven på en strabadserende og indtryksrig dag – »*Mnemosyne* er træt«, som det hedder et sted (153,30). Dette udnytter Arrebo til at få afrundet stof, der er særlig sakralt og ellers fortjente en uendelig ros, jf. den abrupte afslutning på lovtalen til englene ovenfor, eller til at vige uden om mere intrikate emner, fx på den fjerde dag om stjernernes og planeternes skabelse, hvor søvnen overmander jeget i det afsluttende afsnit om underlige sol- og måneformørkelser:

Maa' oc tilbage staae: Mig natten ofveriiler,
Gaaer, *Hesperus* [aftenstjernen] er nær, gaaer hen til Sengs hviiler.
(185,35-36)

Udmattelsen mimes i de korte, staccatoagtige sætninger og gentagelsen i den sidste aleksandriner; man kan næsten fornemme et gab ved versenes cæsurer!

Gennem hele digtet placerer fortælleren sig midt i begivenhedernes centrum som umiddelbar deltager i skaberværket. På tredjedagen udfoldes denne illusion i en rekapitulation af ugens to første dage:

Jeg som foruden Land håer flødt i dage tvende.
Den første Dag var grum, (før Lius tog paa at skimte)
Min Skæbne var saa tung, at jeg mig self forglemte.
Som Barn i Moders Liif foruden Luft oc Aande,
Foruden Dag oc Dør jeg flød udi de Vande:
Dog fik jeg Luft i gaar, der jeg min kaas fremsætte,
Jeg ofver Hofved Huus da fik oc kom til rette.
(118,27-33)

Afsnittet har – som fiktionen i øvrigt – dels til hensigt at skabe sammenhæng i værket, dels at gøre det bibelske stof levende og vedkommende. Desuden illustreres det her, hvordan Arrebo understreger det fantastiske ved alt det, man måske ellers tager for givet, ved at det skabte ses i lyset af det, der *ikke* er der. Endelig er der jo et anstrøg af (barok) humor i et stykke som dette, ligesom når det på den femte dag hedder, at fortælleren »end oc med Lefnets fare!« (221,34) har klaret sig igennem de foregående dages rejse. Passager som disse kan også tjene til en negativ afgrænsning af fortællerjeget hos Arrebo. Man kommer ikke langt ved at psykologisere ham. Det fortællende og oplevende jeg er ingen kompleks størrelse, alene en stiliseret funktion i teksten – som dog ikke er uden charme.

Arrebo benytter sig af andre greb for at gøre skabelsesberetningen nærværende. Helt bogstaveligt opnås dette ved, at jeget på forskellige originale måder kommer tæt på begivenhederne, fx på andendagen, hvor han med astronomiens muse Urania flyver rundt i universet og iagttager alt, hvad det rummer på nært hold; tredjedagen, som ved hjælp af endnu en *deus ex machina*, nemlig Noa, bliver en verdensomsejling til fremmede eksotiske steder; femtedagen, hvor jeget – efter at have fortalt om fiskenes skabelse – som en Jonas lader sig udskyde af hvalens mund, lander på stranden og straks går i gang med beskrivelsen af fuglene. Den sjette dag optræder jeget som en art rejsefører med læserne som selskab. I denne og den foregående dags zoologiske beskrivelser kulminerer illustrations- og dramatiseringsteknikken i *Hexaëmeron*. Den er (i Wayne C. Booths terminologi) kendetegnet ved *showing*, ikke *telling*, og gør sammen med den gennemgående sceniske præsens stoffet nærværende. Eksempler er legio. »Hielp Gud, hvad seer jeg nu med halsen skøn hin lange« (212,31), lyder det, da påfuglen springer jeget i øjnene, og »See ud der springer frem den grumme Diur-forskrecker…« (226,13), da rejseselskabet overraskes af løven; verdens tilblivelse udspiller sig for jegets og læsernes forundrede øjne. – Der er i fiktionens navn masser af anakronismer og anomalier rundt omkring i *Hexaëmeron*, fx den grundlæggende, at fortælleren var på plads lige fra første færd, men det giver for så vidt god mening inden for den mytologiske ramme, at Arrebos jeg får selskab på sjettedagen, da det er her, Gud skaber mennesket.

Metafiktionen

Et niveau over fiktionen og den oplevende og fortællende instans, jeget i felten, er der i *Hexaëmeron* et andet jeg, jeget i studereværelset, som gør holdt og træder et skridt tilbage, når stoffet og formidlingen af det opbyder særlige vanskeligheder. Det optræder i de mange passager, hvor Arrebo overvejer sit eget digts ontologi: Hvad er det, jeg laver? Kan jeg det? Ja, *må* jeg overhovedet?

Som det gælder de fiktive greb, tjener også billedsproget i værket til at gøre det, der fortælles om, anskueligt og nærværende. Den vigtigste trope er sammenligningen, og teknikken i sammenligningerne er – som Julius Paludan har påpeget – gennemgående den, at det høje, altså det sakrale og uudgrundelige gengives med billeder fra det lave, dvs. det hverdagslige og intime.[14] I fortalen til Skaberen (50-52) jævnføres fx skaberværket med forskellige håndværkeres arbejde ud fra toposen *deus artifex*, Gud som håndværker: Han er som skaberen af kosmos en »Teltmager«, af stjernerne på andendagen en »Perlesticker« osv. Andetsteds efter endnu en nøgtern sammenligning – mellem ånden, der svæver over vandene, jf. 1. Mos 1,2, og hønen, der ruger på et æg – gør Arrebo imidlertid et metapoetisk forbehold over for sin egen retoriske praksis: »Lignelser, i saadanne forborgene Sager, i hvor vel de gaae, dog snuble de.« (65, margennote c), hedder det. På dette meget centrale sted udtrykkes værkets indbyggede udfordring eller umulighed, om man vil, nemlig at sproget aldrig helt slår til over for opgaven at udtømme dette vældige og gådefulde emne. Derfor er *Hexaëmeron* så rig på den topos, E.R. Curtius har kaldt »Unfähigkeitsbeteuerung«, små hjertesuk, hvor digteren klager over sine manglende evner.[15] Dens hyppige optræden og ofte ganske indtrængende formulering i digtet gør det svært ikke også at tage klagen for pålydende. Men heroverfor står, at toposen udgør en stående retorisk formel med rødder i antikken og den kristne middelalder og derfor ikke må læses alt for naivt, og endnu vigtigere, at Arrebo jo bestemt ikke stiller pennen tilbage i blækhuset.

Man kan da i en litteraturhistorisk optik opfatte *Hexaëmeron* som et resultat af mødet mellem en ubændig glæde ved ordet og fiktionen, som i høj grad også var tidens, og så det, man kalder det sublimes tema, dvs. det, der unddrager sig forstanden og ordet. I et teologisk perspektiv modsvares den retoriske topos og litterære tematik af den teleologiske tænknings omgang med det transcendente, både før og efter Arrebo. Også den opererer med en art uudsigelighedtopos eller -tema, som kommer til udtryk i erkendelsen af inkommensurabiliteten mellem det guddommeliges realitet og menneskets erkendelse. Tanken er bl.a. til stede hos Johann Arndt i hans *Vier Bücher vom wahren Christentum*, hvor menneskets adækvate forhold til Gud så at sige materialiserer sig i lovprisningen.

Arrebo smyger på pragmatisk vis uden om paradokset, der ligger i at skulle udsige det uudsigelige, for som han siger – efter at have beklaget

---

[14] Paludan er refereret hos Thomsen (1935/71), 86.

[15] Ernst Robert Curtius: *Europäische Literatur und lateinisches Mittelalter* (München 1948/73), 410-15. Toposen ses følgende steder i *Hexaëmeron*: 52,8f; 89,10-30; 112,5-19; 128,15-19; 135,30-33; 180,15-20; 187,12-15; 207,6-11; 214,27-28; 221,3-8 og 231,34-35. Afsnittene tjener som regel også som kompositionsbemærkninger, jf. ovenfor.

sin afmagt i forhold til at skulle beskrive himlen – »Langt bedr' er noget sagt, sin skaber god til Ære, / End alting slet fortaugd, oc plat hen, dum at være.« (89,16-17) Skønt månen får 14 titler (183,35-184,4), er den efter Arrebos opfattelse alligevel ikke beskrevet udtømmende. Her ses forklaringen på det nærmest monstrøse misforhold i omfang mellem *Hexaëmeron* og dets kanoniske forlæg, *Genesis*. Arrebos sproglige exces, ordrigdommen og det hyperbolske, er således til dels barok-epokal, men den er også nødtvungen og en følge af emnet. Det rejser spørgsmål efter spørgsmål, som i Brorsons skabelsessalme »Op! Al den ting«; i modsætning til Arrebo viger Brorson ikke uden om den apori, der ligger i at formidle skabelsesstoffet, men rykker den frem i forgrunden af teksten. Det er ikke tilfældigt, at Luther fraråder folk under 30 at læse i *Genesis*![16]

Indtil nu er der peget på en række brydninger i *Hexaëmeron*, hvor nye tanker og fremgangsmåder anes blandt digtets bærende traditions- og autoritetstyngede opfattelser: I de naturvidenskabelige partier introduceres den banebrydende empiri og teori, der – uden Arrebos viden – skulle underminere det geocentriske system, der ellers er så forankret i værket. I Arrebos bestræbelser på at gøre skabelseshistorien nærværende og underholdende brydes en først prøvende, siden originalt udfoldet fiktion med den kristen-religiøse kanon. Og i digtets metafiktion bryder jeget, der – som barn af sin tid – er både vide- og skrivebegærlig, sit hoved med, hvordan digtets gådefulde emner skal forstås og formidles. Afslutningsvis skal det handle om en sidste latent konflikt i *Hexaëmeron*, som imidlertid er af stor litteratur- og idéhistorisk betydning og virkelig peger fremad.

Arrebo har i den overordnede komposition – som beskrevet i forrige afsnit – indarbejdet en ganske dristig parallel mellem verdens skabelse med kunstværkets skabelse og dermed sat demiurgen og kunstneren direkte over for hinanden. Dette bliver også hans grundlæggende udfordring og hovedpine. Et vigtigt sted beskrives skaberens arbejdsmetode:

Intet af intet mand faaer[,] af intet intet kand blifve.
Men den Mestere stoor af Verdens Skaber oc Mager,
Ickun et eenist' Ord (f) for al Materi fremdrager.
Finder saa Kalk oc Steen, hvor der var aldrig at finde,
Hitter saa træ oc green oc andet Forraad ej mindre,

[16] Luther (1911), 4b.

Finder saa Land oc Vand, op under sin Tunge saa mæctig,
Hitter saa Qvind' oc Mand, i mindste Finger saa præctig;
(59,22-28)

I den tilknyttede randnote (f) skæres tingene ud i pap: »Alle Creatur ere kun jdel Bogstafver oc Ord for vor Herre.« Som Ejnar Thomsen skriver, er det »en meget massiv opfattelse, der anes bag sådanne linjer«.[17] Der er ingen tvivl om, at illustrationen af det, man kunne kalde Guds poetik, skal forstås bogstaveligt, og det er så denne poetik *Hexaëmerons* forfatter skriver sig op imod. Det ene vigtige moment i skabergudens praksis er ordknapheden: »et eenist' Ord« hedder det med emfase, her og adskillige andre steder.[18] Hvor den Naturens Bog, som Gud forfatter, består af lutter *one-linere*, er Arrebo anderledes stillet – og indstillet. I en metafiktiv kommentar hedder det humoristisk og hyperbolsk om bien: »Mit her begyndte Verk jeg vilde lade fare / Paa ene Biens roos, min Liifs tiid tage vare.« (214,27-28), men samtidig dækker udsagnet altså over en virkelig apori.

Det andet vigtige moment i det citerede stykke er forestillingen om, at intet kommer af intet (*ex nihilo nihil*); kun Gud kan skabe af intet (*creatio ex nihilo*). Iflg. den amerikanske litteraturhistoriker Ullrich Langer sker der et altafgørende litteraturhistorisk skred i digterens selvopfattelse i 15/1600-tallet og renæssancen. Analogt med den teologiske forestilling om den fri Gud, opstår så småt den i dag så selvfølgelige opfattelse af digteren som skaber. Dermed begynder »renæssancen [...] at udvikle begrebet 'fiktion'« (Pil Dahlerup).[19] I en vis forstand er det i *Hexaëmeron* med dette revolterende moderne forfatter- og fiktionsbegreb, som det er med den banebrydende empiri og teori, der inddrages i behandlingen af det astronomiske verdensbillede: Det ny dukker ind imellem op, men der ta-

---

[17] Thomsen (1935/71), 86.

[18] Et sted endda gentaget: »Men med et eenist' Ord et eenist, Herren sagde...« (144,14). Med tanke på hvor central forestillingen om det skabende ord er for lutheraneren og kunstneren Arrebo, synes formålet med gentagelsen ikke blot at være at udfylde metret.

[19] Pil Dahlerup: »Renæssanceteori og Renæssancetekst«, in: Thomas Bredsdorff og Finn Hauberg Mortensen (red.): *Hindsgavl Rapport. Litteraturteori i praksis* (Odense 1995), 33-34. Heri refereres Langers synspunkter. Også andre har behandlet paradigmeskiftet og placeret det i denne tid, fx Hans Blumenberg ud fra nogle bredere idéhistoriske synspunkter, jf. »Nachahmung der Natur. Zur Vorgeschichte der Idee des schöpferischen Menschen«, in: *Ästhetische und metaphorologische Schriften* (Frankfurt 2001), 9-46, samt i en strengt litteraturhistorisk fremstilling hos Curtius (1948/73), 400-404.

ges ikke altid notits af det eller af dets rækkevidde, og det inkorporeres altid i det gamle system.

Forfatterbegrebet med forestillingen om den autonome kunstner bliver naturligvis ingen steder direkte formuleret i *Hexaëmeron*. Som de mange musepåkaldelser og henvendelser til Gud og Helligånden viser, ser digteren sig ikke som en fri skaber, men som et medium mellem Gud og bogen, jf. fx »Ved saadan Aand beblæst, jeg her nu dristig skrifver« (230,25). Samme grundlæggende opfattelse, som vi finder hos Augustin i hans mere end 1000 år ældre *Bekendelser*: »Jeg tror, derfor taler jeg«.[20] Og som man støder på hos Arrebos samtidige i den tyske barok, fx i Andreas Gryphius' berømte sonet »An Gott den heiligen Geist«, hvor digteren beder om inspiration og bistand til at lykkes med sit værk, eller i et epigram af Angelus Silesius:

> Die Schrifft ist Schrifft sonst nichts. Mein Trost ist Wesenheit
> Und daß Gott in mir spricht das Wort der Ewigkeit.[21]

Der er således langt fra Arrebo og barokkens poetik til 1700-tallets geniæstetik og Shafteburys digter som en »second maker«. Imidlertid aner man spor af det ny syn på kunstneriske skabelse i hans digteriske praksis, mere præcist i *Hexaëmerons* fiktioner. Den overordnede metafiktion, der konfronterer kunstneren og demiurgen, rammer jo lige ned i centrum af et erkendelsesskifte i kunsten og litteraturen – selvom den bliver brugt til at illustrere det traditionelle rangforhold med den afmægtige kunstner og den omnipotente Skaber. Og med de mindre episke greb, herunder særligt de små originale fiktioner, skriver Arrebo sig i høj grad op i mod den religiøst funderede kanon – selvom de af Arrebo i den bedste og frommeste mening er tænkt til at skulle anskueliggøre det bibelske stof og gøre det nærværende. Og sådan brydes og forvikles nyt og gammelt til stadighed i *Hexaëmeron*...

---

[20] Augustin: *Bekendelser*, oversat af Torben Damsholt (København 1988), 20.

[21] Silesius' epigram fra samlingen *Cherubischer Wandersmann* (1674) er citeret efter Otto F. Best m.fl. (red.): *Die deutsche Literatur. Ein Abriß in Text und Darstellung*, bd. 4 (Stuttgart 1999), 141.

Portrættet som ritual

Carl Gustaf Pilos *Frederik Vi salvingsdragt*

Thomas Lederballe

Den 11. juni 1751 kunne Københavnske Danske Post-Tidender berette,[1] at Frederik V med et følge fra den højeste embedsstand få dage tidligere, 8. juni havde gennemført en slags triumftog til steder i hovedstaden, hvor scenen var sat for den enevældige konges velgerninger mod sit land. Efter et besøg på flådens leje, Holmen, gik turen til Christiansborg, hvor det netop reorganiserede Kongelige Kunstakademi tog imod. Avisen refererede besøgets hovedoptrin: Efter at være trådt ind i akademiets sal befandt kongen sig over for den til lejligheden opstillede model, og her holdt den kongelige hofmaler og professor ved Akademiet, Carl Gustaf Pilo, en kort, højstemt tale, hvori han på vegne af akademiet ønskede at »forsikkre Eders Kongelige Majestet allerunderdanigst om [sin] undersaattelige Pligt og yderste Fliid, og udbede [sig] Eders Kongelige Majestets Høy-Kongelige Naade«. Kongen beså elevernes og medlemmernes arbejder såvel som akademiets afstøbningssamling, og dagen efter fulgte han sit besøg op med et besøg i hovedstadens ny bydel, Frederiksstaden, hvor han inspicerede de igangværende bygningsprojekter.

To aspekter ved avisens fremstilling af begivenheden synes at falde i øjnene. For det første har det kongelige følges tur rundt i København en ceremoniel karakter, som også afspejles i besøget på Kunstakademiet og modtagelsen dér. Kongen modtages ikke som interesseret privatperson _ sådan som vi i visse situationer ville kunne betragte monarken i dag _ men som »Majestet«, og indtoget i akademiets sal fremstår formelt og koreograferet: Kongens følge mødes uden for akademisalen af professorerne, hvorefter det ledsages ind i salen, hvor modellen er opstillet, og Pilo holder sin tale. For det andet fremstilles hovedoptrinnet som en slags tableau med kongen, Pilo og modellen som stillestående aktører. Man må formode at kongen er standset op efter sin indtræden i rummet, hvor det

---

[1] *Kiøbenhavnske Danske Post-Tidender*, 47, 21. Juni 1751.

nævnes at modellen står; ligeledes må det formodes at Pilo står op i kongens nærværelse, mens han holder sin tale. Avisen videregiver et indtryk af fastfrosset ceremoni og repræsentation under talens afholdelse, og beretningen fremstår alt i alt som et indirekte vidnesbyrd om kongeopfattelsen, ligesom den indskriver kongens maler i et ceremonielt forhold til sin mæcen.

Maleren og mæcenen

Pilo var blevet udnævnt til hofmaler i 1747, samme år som Frederik V salvedes som konge. Udnævnelsen udmøntede sig i det følgende par årtier i adskillige fremstillinger af kongefamiliens medlemmer – først og fremmest af kongen selv, som blev skildret i forskellige portrættyper (helfigur, halvfigur og rytterportrætter) med varierende ikonografi (martialsk, med regalier etc.). Blandt portrætterne har skildringen af kongen i salvingsdragt – ofte fejlagtigt betegnet »kroningsdragt«[2] – haft status af hovedværk. Der kendes en håndfuld eksemplarer af værket, hvoraf ét tilhører Statens Museum for Kunst (Planche III) og et andet Det Nationalhistoriske Museum på Frederiksborg Slot.[3] Værkets nyere (1935, 1994, 1997) reception har især beskæftiget sig med Pilos stil og formbehandling, og selv om Christian Elling i 1935 beskrev Frederik V som »knejsende og kroningsklædt i et Elysium af Skyer og Drapperier«, anså han Pilos portrætkunst generelt for »et kunstnerisk Anliggende, <…> en frigjort malerisk Løsning«, ligesom billedet for nylig er blevet sammenlignet med musik for at anskueliggøre dets stilistiske udførelse.[4] En undtagelse er dog Anitra Gadolins analyse af Pilos statsportrætter fra 1966.

---

[2] Inventariseret som KMS856 under titlen *Frederik V i helfigur*, en titel, som Leo Swane i en artikel i 1914 uddybede med appositionen »iført den pragtfulde kroningsdragt«. Se »Det sidste Aars Erhvervelser af dansk Kunst fra det 18. Århundrede«, in: *Kunstmuseets Aarsskrift* 1 (1914), 102. Som eksempler på titlens fastholdelse, se eksempelvis Henrik Bramsen (med billedtekster af Kirsten Nørregaard-Petersen): *Ny Dansk Kunsthistorie*, 3, *Fra rokoko til guldalder* (København 1994), 48 samt Hanne Westergaard: »Frederik V i kroningsdragt«, in: *Statens Museum for Kunst: 100 mesterværker* (København 1997), 86. Korrekt betegnet dog bl.a. i *Gud-Konge-By. Frederiksstaden i 250 år.* Udstillingskatalog. Det Danske Kunstindustrimuseum (København 1999), 137 (nr. 171).

[3] Anitra Gadolin nævner fem eksemplarer. Se »Statsporträttets idé hos C.G. Pilo«, in: *Konsthistorisk Tidsskrift* (1966), 27.

[4] Christian Elling: *Rokokoens Portrætmaleri i Danmark* (København 1935), 32 & 26 samt Bramsen (1994), 49.

Heri pointeres det, at værket ikke opnåede nogen større spredning i samtiden: Der blev ikke – sådan som det ellers typisk ville have været tilfældet med et vellykket repræsentationsportræt – udført stik efter det, og af de fem versioner skænkedes tre til kongens venner, ét befandt sig i et hofgemak, og det sidste befandt sig på Charlottenborg i Den store Sal, hvortil det udførtes 1755, således at ingen af dem har hængt i kongemagtens repræsentationslokaler.[5] Til sammenligning hermed kom Peder Als' salvingsportræt af Christian VII siden hen til at fungere som point de vue i tronsalen på Christiansborg. Behandlingen af versionerne kunne tyde på, at portrættet ikke har været opfattet som fuldstændig vellykket. Værkets datidige og senere receptionshistorie efterlader derfor to spørgsmål: Først og fremmest spørgsmålet om, hvad værket betyder som særskilt repræsentationsportræt inden for sin genre,[6] og dernæst om, hvorvidt det indeholder elementer, som i datidens øjne kan have haft uheldige implikationer for billedets funktion som repræsentationsportræt.

I diskussionen af salvingsportrættet og af Pilos billedkunst i almindelighed fylder gisninger om og identifikation af hans enkeltværkers og malestils forlæg og inspirationskilder meget.[7] Diskussionens heuristiske perspektiv begrænser sig til en forklaring af værkernes udseende eller form. I forbindelse med omtaler af salvingsportrættet er det blevet en topos at sammenligne billedet med Hyacinthe Rigauds repræsentationsportræt af Ludvig XIV fra 1701/2 (ill. 1), som blev gentaget i to eksemplarer og var udstillet i den franske konges tronsal.[8] Rigauds normsættende portræt var tilgængeligt for 1700-tallets kunstnere i flere grafiske gengivelser, og ligheden mellem Rigauds og Pilos gengivelser af deres respektive statsoverhoveder er da også indlysende: Der er ligheder mellem kongernes positur og mellem omgivelserne i de to portrætter. Men hvilken betydning kan det have haft i Pilos samtid at fremstille Frederik V på samme måde som Ludvig XIV i Rigauds portræt? Og hvor

---

[5] Gadolin (1966), 27. G.V. Baurenfeinds stik fra 1758 og J.M. Preislers fra 1748 udelader hver især dele af maleriets motiv: I førstnævntes tilfælde den betydningsmættede kontekst for figuren, i sidstnævntes også størsteparten af figuren.

[6] Jeg ser her bort fra Gadolins bidrag, som former sig som en gennemgang af Pilos forskellige kongeportrætters typer.

[7] Sixten Strömbom: »Olof Arenius och hans betydelse för Carl Gustaf Pilo«, in: *Kunstmuseets Aarsskrift* 22 (1935), 21-43 er et udpræget eksempel herpå.

[8] Kirsten Ahrens: *Hyacinthe Rigauds Staatsporträt Ludwigs XIV: Typologische und ikonologische Untersuchung zur politischen Aussage des Bildnisses von 1701* (Worms 1990), 19-21.

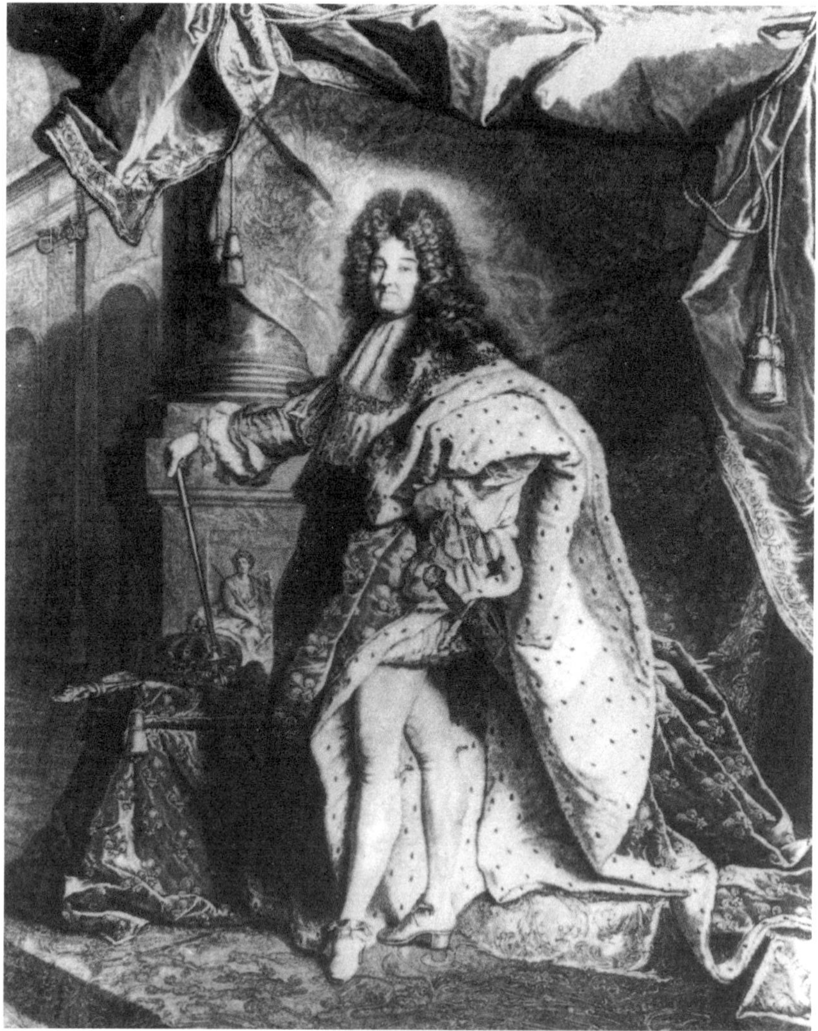

Ill. 1. Pierre Drevet efter Hyacinthe Rigaud, *Ludvig XIV*, Kobberstik, Bremen, Kunsthalle.

Rigauds portræt på sin side påviseligt er forsynet med en kompliceret og specifikt *fransk* symbolik,[9] hvordan ville Pilos portræt kunne forstås af et dansk publikum?

[9] Ahrens (1990), passim.

Frederik V blev konge af Danmark næsten hundrede år efter Ludvig XIV's overtagelse af den franske trone, og ved sin magtovertagelse blev han landets femte enevældige hersker. Ved overgangen fra valgkongedømme til enevælde og arvekongedømme under Frederik III i 1660 ophørte man med at lade danske konger krone, men man bibeholdt salvingen. Ved de tidligere kroninger var den vordende konge ankommet til kroningskirken i fyrstedragt for efter ceremonien at forlade kirken i kongedragt, således at det var åbenlyst, at ceremonien i kirken havde bibragt ham kongeværdighed.[10] Frederik III's efterfølger på tronen, Christian V, blev – som den første repræsentant for enevoldsherredømmet – konge uden at gennemgå en kroningsceremoni. Den danske Kongelov fra 1665, som blev udgivet anden gang i 1756 for at gøre den kendt af den danske offentlighed, understregede, at titel, magt og regalier ved kongens død øjeblikkelig arvedes af tronfølgeren, og at kongedømmet var kontinuerligt, uden noget interregnum mellem kongens død og efterfølgerens salving.[11] Salvingsceremonien, som derfor ikke længere havde karakter af et statsligt overgangsritual, fik status af kongens devotionsakt, dvs. en demonstration af hans underkastelse under Gud, den eneste magtinstans over kongen selv.[12]

De to legemer

Historisk betragtet har forestillingen om kongemagtens konstans eller kontinuitet rod i en middelalderlig forestilling om kongens to legemer, som Ernst H. Kantorowicz i 1957 leverede en banebrydende kortlægning af. Ifølge denne forestilling var kongen på den ene side i besiddelse af et »naturligt«, dvs. fysisk og individuelt legeme, som svarede til enhver anden persons naturlige krop; men på den anden side var kongens legeme repræsentativt for hans stat og undersåtter, og i denne forstand var det uforgængeligt. Kongens person og krop repræsenterede hans konge-

---

[10] Sebastian Olden-Jørgensen: »Statsvidenskab og politisk kultur i Danmark 1536-1700«, Ph.d.-afhandling (Københavns Universitet, Institut for Historie 1997), 34.

[11] *Danmarks Riges Grund Lov, det er den saa kaldede Souveraine Konge-Lov*, København 1756, § 15.

[12] Knud Banning: »Fra symbol til antikvitet: En oversigt over symboltolkningen i danske kroningsprædikener 1537-1815«, in: M. Blindheim, P. Gjærder & D. Sæverud (red.), *Kongens makt og ære: Skandinaviske herskersymboler gjennom 1000 år*, (Oslo 1985), 126. Cf. Olden-Jørgensen (1997), 103.

dømme, der i samfundsfilosofisk litteratur ofte sås beskrevet som et »samfundslegeme«, hvis eksistens ikke ophørte ved hans naturlige krops endeligt. Samfundslegemets »hoved« – en af flere symbolske beskrivelser af kongen[13] – vedblev derfor også at eksistere, for så vidt som kongens repræsentative og statsbetegnende legeme levede videre i arvtageren, i samme øjeblik kongen døde.[14] Kongeværdigheden (*majestas*) var kontinuerlig, og i senmiddelalderen svækkedes salvingsceremoniens statslige betydning: Den var jo blot en bekræftelse af, at kongen allerede forlods besad *majestas*.[15]

Også i Danmark i 1700-tallet var forestillingen om kongens to legemer fremherskende. Det kan bl.a. ses af periodens salvingsprædikener, herunder Frederik V's i 1747 og Christian VII's i 1767, og af den monarkistiske hyldestlitteratur, som blev udgivet i tiden omkring hundredeåret for enevælden og arvefølgens indførelse. I biskop Peder Herslebs prædiken ved Frederik V's salving blev kongens person fortolket med en række begreber, som beskrev hans »andet«, repræsentative legeme. »Et Rige uden Konge, er som et Legem uden Hoved; En Konge, uden Undersaatter var som et Hoved, uden Arme og Fødder [...] En Konge er sit Riges Hoved; Hænderne, hans Tienere, bære all Skatt til ham; hans Rente Kammer er ligesom Maven i dette Legem. Hovedet kand selv ikke have meere deraf, end hvad der behøves til de aller-subtileste og nyttigste Nerver og Seener, Hierne, Øien, Øren, Sandser at styrke; Men fra Maven gaaer det, som er indbragt, ud igjen til alle Lemmer, ved en bestandig Circulation, hvorved alle Stænder i et Land opholdes, styrkes, og holdes i Orden, at hver kand giøre sit,« lød det i prædikenen, som blev udgivet i bogform i 1749.[16] Samfundstolkningen blev på denne måde forbundet med kongens person, sådan at hans legeme betegnede hele samfundslegemet. For eksempel lod kongens hænder og mave sig tolke som symboler på organer og funktioner i samfundet. Men kongens repræsentative legeme lod sig tillige fortolke som et faderligt legeme, sådan som det ske-

---

[13] Ernst H. Kantorowicz: *The King's Two Bodies: A Study in Medieval Political Theology* (1957) (Princeton, N.J. 1997), 224.

[14] Kantorowicz (1997), 401.

[15] Kantorowicz (1997), 329. Forestillingen om kongeværdighedens kontinuitet blev knyttet til den dynastiske kontinuitet.

[16] Peder Hersleb: *Nordens Glæde, Da Den Stormægtigste Danmarks og Norges Arve-Enevolds Herre, Kong Friederich den Femte [...] Tilligemed [...] Dronning Lovise [...] Deres Kongelige Salving lode forrette udi Friderichsborgs Slotts-Kirke, den 4. Septembris 1747* (København s.a. (1749)), 54 & 63.

te i et hyldestskrift fra 1750, hvor der argumenteredes for, at kongen skulle have absolut magt, »uden hvilken han ikke kand efterkomme en Faders Pligt, ikke følge sin ædle og himmelske Drift til at giøre sine Undersaatter lyksalige«.[17] Ligesom den kærlige fader udviste kongen omsorg over for sine »børn«, dvs. undersåtter, og i sin rolle som fader eller hyrde for sin hjord åbenbarede kongefiguren et kristologisk indhold: I sin omsorg over for sine undersåtter lignede kongen den faderlige Kristus i dennes omsorg for menneskene.[18] Hersleb understregede, at Messias betyder »den salvede«.[19] Det teologiske aspekt ved tolkningen af kongens repræsentative legeme kunne dog gøres endnu mere implikationsrigt ved udlægningen af kongens person som Guds vikar over for det rige og de undersåtter, som Gud selv havde givet ham enevælde over. Hersleb pointerede i sin prædiken flere gange, at kongen var Guds repræsentant på jord: »Sandeligen! Skal Konger være Guds Statholdere, og Deres Regiering ligne hans, da er der ingen Regiering, der nærmere ligne Guds, end en Enevolds [...] Vi sagde nyligen, at Gud har ligesom byttet Navn med Kongerne, at Han kalder Sig Konge og kalder dem Guder.«[20]

I definitionen af kongens andet, statsrepræsenterende legeme opereredes der altså med forskellige fortolkninger af kongens person, men det gennemgående element i fortolkningerne er netop, at kongen ikke blot var i besiddelse af et naturligt legeme, men tillige et symbolsk eller slet og ret statsbetegnende legeme, uanset om dette blev beskrevet som »Hoved«, »Fader«, eller »Gud«. At denne opfattelse var udbredt, ses af en anekdote, som Charlotta Dorothea Biehl har refereret i sine erindringer om Frederik V's hof: Kongen ville ikke lade et benbrud behandle af hofkirurg H. F. Wohlert, som til sidst måtte gøre kongen opmærksom på, at en sådan undladelse ville være at betragte som »det sorteste og utilgiveligste Forræderie [...] imod Deres Mayestets egen høye og hellige Per-

[17] Jens Friderich Sehested: *Den Stormægtigste Monarchs Kong Friderich den Femtes Regiering, betragtet som en faderlig Regiering i en Lov-Tale, som paa hans Kongelige Majestets høye Fødsels-Dag den 31 Mart. 1750 blev holden paa det Kongel. Ridderlige Academie paa Soröe* (København s.a.), 4. Se endvidere, Hersleb (1749), 59.

[18] Sebastian Olden-Jørgensen: »Historien om et ritual: De danske kongekroninger fra Christian III (1537) til Christian IV (1596)«, in: *Transfiguration: Nordisk tidsskrift for kunst og kristendom*, 3.1, (2001), 87f. Sehested (1749), 5: »et Folk trænger ligesaa høyt til en god Regent, som en Hiord til en god Hyrde«, cf. Joh., 10, 1-16.

[19] Hersleb (1749), 126. Kantorowicz har fastslået, at forestillingen om kongens to legemer havde rod i det kristologiske dogme om Kristi to naturer, Kantorowicz (1997), 17.

[20] Hersleb (1749), 96 & 101.

son […] og følgeligen mod heele Riget med.«[21] Undlod kongen at lade sit naturlige legeme behandle, kunne det jo få konsekvenser for det majestætiske legeme, og dermed for hele kongeriget.

I 1700-tallet knyttedes forestillingen om kongens majestætiske legeme sammen med den dynastiske linje: Majestæten eksisterede uophørligt, ligesom dynastiet vedblev at sidde på tronen i skikkelse af skiftende arvtagere, selv om kongens navn og konkrete person udskiftedes. I hofceremoniellet og i de forskellige beskrivelser af den enevældige kongemagt betonedes netop det dynastiske aspekt.[22] Det gælder også salvingerne og de tilhørende prædikener. Hersleb bad i 1747: »Men, naar De [kongeparret] omsider skal bytte Deres Kroner med Ærens Krone i Himmelen, da lad Deres Sæd sidde i Deres Sted, saa længe der skal være Riger til paa Jorden!«,[23] en bøn, hvis indhold trak veksler på den hyppige anvendelse af gammeltestamentlige tekststeder, hvor Gud havde befæstet det kanoniske kongedynastis herredømme over Israel: »Jeg vil stadfæste din Sæd ævindelig; og bygge din Throne fra Slægt til Slægt.«[24] Ved salvingen i 1767 blev den dynastiske linje endnu engang trukket op, bl.a. ved læsning af Salme 61: »Du skal legge Dage til Kongens Dage, at hans Aar maae være som fra Slegt til Slegt, At han maae sidde evindelig for Guds Ansigt […]«[25] Men også inden for den visuelle kultur kunne den dynastiske kontinuitet finde prægnant udtryk. Ved 300-året for det oldenborgske fyrstehus' overtagelse af tronen blev der på Gammeltorv i København i 1749 opført et »tempel« i træ til ære for Oldenborgerne – en bygning, hvis angivne funktion kun giver mening i lyset af den omtalte bestemmelse af kongen som »Gud« – hvori der blev anbragt portrætter »en Medallie« af dynastiets ubrudte kongerække.[26] Den midlertidige hel-

---

[21] Charlotta Dorothea Biehl: *Interiører fra Kong Frederik den Femtes Hof* (København 1909), 80.

[22] Sebastian Olden-Jørgensen: »Hofkultur, ritual og politik i Danmark 1536-1746«, in: Ulrik Langen (red.), *Ritualernes magt: Ritualer i europæisk historie 500-2000* (Frederiksberg 2002), 61.

[23] *Ceremonial og Psalmer ved Frederik den Femtes Salving* (s.l., s.a. (1747)), 4.

[24] Sl. 89, Ceremonial (1747), 9.

[25] *Det som ved Hans Kongelige Majestæts Salving i det Kongl. Slots-Capelle den 1. maji 1767 ved Guds-Tienesten bliver at iagttage* (København s.a. (1767)), 5.

[26] *Kiøbenhavnske Danske Post-Tidender* 87, 31. oktober 1749, 4. Templet på Gammeltorv beskrives og tilskrives Johann Christoph Holtzbecher af Birgitte Bøggild Johannsen: »Felicitas Temporum. Studies in temporary decorations and political allegories from the reign of Frederick V«, *Hafnia* 10 (1985), 111. I samme artikel diskuteres andre eksempler på dynastisk ikonografi fra perioden.

ligdom præsenterede dermed den enkelte konges individuelle skikkelse som led i et over-individuelt dynasti, hvis eksistens ikke lod sig reducere til den enkelte konges, og templets portrætter konnoterede i fællesskab kongens repræsentative legeme.

Portrættet og kongens legeme

Som et portræt af kongen i salvingsdragt må Pilos portræt af Frederik V for sine samtidige have henvist til en ceremoni, hvori den dynastiske kontinuitet blev understreget.[27] Ligesom i Rigauds portræt af Ludvig XIV optræder kongen i profil med ansigtet vendt mod beskueren, men han ses nu på baggrund af bølgende skyformationer og et mægtigt blåt klæde, hvis folder dels fungerer som formelt ekko af skyerne, dels selv giver ekko i kongens bølgende paryk og salvingskåbe og i det røde stof omkring puden ved hans side. Selve dragten, som blev beskrevet af Hersleb, var et hovedmotiv for kunstneren:

> Imidlertid havde Hans Kongelige Majestæt [før salvingen] ladet Sig iføre Sin Kongelige Salvings-Dragt, efter den gamle Danske Konge-viis, nemlig: En kort tætt til Livet liggende Trøje, af riigt Guld-Stof, besatt allevegne i Kanterne, Sømmene, og omkring de, saa kaldede, Flasker paa Trøjen, med Spanske Sølv-Kniplinger; Ligesaa Buxer af samme Stof, med mange Folder, besatt med Sølv-Kniplinger; men Buxerne opkiltede, og altsaa syntes meget korte og viide oven til; Der neden for hviide Silke-Strømper op til Buxerne; Men fra Buxerne ned til Knæerne hængde breede Sølv-Kniplinger, i stor Viide, med mange Folder; hvide Skoe; Saavel Skoe- som Knæbaands-Spænder, og alle Guld-Knapperne i Trøjen, vare besatte, og glimrede sterkt, med kostelige Diamanter. Oven paa denne Dragt var den Kongelige Kappe, af Karmesin-Fløjel, overalt tætt besatt med Guld-Kroner i stor Mængde. Kappen var otte Alen lang, overalt underforet med skiønneste Hermelin, med et Slag, og end bredere nedslaget Hals-Krave, af samme Skind. Ordens-Stjernen [elefantordenens bryststjerne] var der baade på Kappen og Trøjen, men u-lige; Paa Kappen en større Stjerne af ægte Perler, og Korset inden i Stjernen af skiønneste Brillanter; men paa Trøjen var baade Stjernen og Korset af idel Diamanter, hvilket og saaes i det Spænde, under Halsen, hvor Kappen var hæftet sammen.[28]

[27] Olden-Jørgensen (2002), 63.
[28] Hersleb (1749), 9f.

Beskrivelsen taler for sig selv og om Pilos centrale motiv, men en sammenligning med salvingsportrætterne af Frederik IV[29] og Christian VII[30] viser desuden kontinuiteten af denne del af salvingsritualet: Kongernes rituelle påklædning var uforandret, sådan som også teksten forklarer. Denne uforandrede påklædning, som selvfølgelig omsluttede kongens naturlige krop, kunne forlene ham med en fremtoning, som var hævet over tid og over hans individuelle skikkelse. Med andre ord kunne den antyde hans repræsentative legeme.

Andre aspekter ved portrættet kunne på lignende vis hentyde til salvingsritualet og kongens statsbetegnende person. Under ceremonien i Frederiksborg Slotskirke havde kongen lagt regalierne på en rød fløjlspude med guldbroderi foran alteret, mens han blev salvet, og placeringen af rigsæblet og kronen på puden ved kongens side bringer dette i erindring, ligesom sværdet ved kongens side skal forestille rigssværdet, som kongen bar under ceremonien.[31] I den kunsthistoriske litteratur om billedet er det blevet hævdet,[32] at kongen hviler sin højre hånd på scepteret, men en hurtig sammenligning med portrætterne af Frederik IV og Christian VII vil vise, at der ikke er tale om det danske scepter, hvis blå lilje med kongekrone ses tydeligt øverst på begge disse gengivelser af scepteret. Snarere må der være tale om en gylden stok, som har tilladt Pilo at gentage Rigaud-portrættets positur i sin egen fremstilling af den danske konge. Forholdet mellem den hvilende hånd og stokken svarer dog til det forhold mellem kongens hånd og scepteret, som under salvingen fik et rituelt udtryk. Kongen blev nemlig salvet på panden, bry-

---

[29] Bendix (Benoit) le Coffre, *Frederik IV i salvingsdragt*, udateret, privateje. Repr. i Birgitte Bøggild Johannsen og Hugo Johannsen, *Ny Dansk Kunsthistorie*, 2, *Kongens kunst*, (København 1993), 215.

[30] Peder Als, *Christian VII i salvingsdragt*, gentagelse udført til Katharina den Store efter 1773, Eremitagen, Skt. Petersborg. Repr. i Patrick Kragelund: *Abildgaard: Kunstneren mellem oprørerne* (København 1999), 267.

[31] Hverken rigsæblet, kronen eller sværdet forestiller nøjagtigt de virkelige genstande (selv om alle væsentlige træk er videregivet i portrættet), hvilket formentlig skyldes, at maleren ikke har haft adgang til regalierne og dermed mulighed for at anvende dem som forlæg.

[32] Oplysningen om scepteret stammer dels fra Osvald Sirén: *Carl Gustaf Pilo och hans förhållande till den samtida porträttkonsten i Sverige och Danmark* (Stockholm 1902), 66. Den gentages af Kirsten Nørregaard-Petersen i Bramsen (1994), 48. Tak til Jørgen Hein, Rosenborg Slot, for forslaget om, at der kunne være tale om en stok - såvel som for oplysningerne om regaliernes utilgængelighed for kunstnerne.

stet og håndleddet med salve fra buddiken. Salvingen på panden – som Pilo har fremhævet ved lysgengivelsen i maleriet – fandt sted som den første for at markere, at evnen til at regere befandt sig dér. Ligesom hovedet styrer lemmerne, styrer kongen jo undersåtterne, pointerede Hersleb.[33] Dernæst blev kongen salvet på brystet, viljens symbolske sæde, for at betegne »et villigt Hierte«, som undersåtterne ville kunne finde dér. Salvingen på højre håndled fandt sted til sidst og skulle symbolisere fasthed og styrke i udøvelsen af den enevældige magt. Kongen tog selv handsken af sin højre hånd før denne salving, og Hersleb præciserede sammenhængen mellem den faste hånd på den ene side og scepteret på den anden: »Eders Kongelig Majestæts Magt til at giøre og forandre Love, er det Scepter i Eders Majestæts Haand; Sverdet er mod Landets Fiender, Scepteret for Landets Børn.«[34] I salvingsportrættet alluderes der til salvingen af højre hånd ved, at denne hånd – i modsætning til den venstre – ikke er behandsket; men hvor man ville have forventet, at scepteret optrådte i sammenhæng med hånden, ses den nu blot hvile på en prydstok. Portrættet kan på dette punkt have været opfattet som inkonsekvent i sin splittelse mellem dels allusionen til den symbolske sammenhæng mellem ubehandsket hånd og scepter, dels fraværet af selve dette scepter fra fremstillingen.

En del opmærksomhed er i forbindelse med beskrivelser af portrættet blevet rettet mod placeringen af kongens ben. Sirén beskrev den akavede positur som et »pas de menuette«,[35] en beskrivelse som forekommer passende, eftersom stillingen svarer til Ludvig XIV's i Rigauds portræt. Ludvig XIV's benstilling bør dog snarere ses som udtryk for en gangart, som blev betragtet som særligt værdig og brugt ved for eksempel ridderordners ceremonielle sammenkomster i hans samtid.[36] Blandt 1700-tallets bogudgivelser findes der en gruppe skrifter med udbredelse i Danmark, som beskæftiger sig med principperne for denne type værdig opførsel. Et eksempel herpå er J.B. von Rohrs *Einleitung zur Ceremoniel-Wissenschaft der Privat-Personen* fra 1730, hvor det indledende slås fast at en værdig adfærd, som bl.a. kræves i ceremonielle sammenhænge, kan beskrives som kropsholdning (*port*): »*Le port* heist die Trägung oder Bewegung der Glieder; man hat ja einen majestätischen, einen freyen, gezwungenen,

[33] Hersleb (1749), 132.
[34] Om hånden: Hersleb (1749), 139; om scepteret, 144.
[35] Sirén (1902), 66.
[36] Ahrens (1990), 68-70.

liederlichen *port.*«[37] At danse bidrager til at bibringe kropsholdningen en værdig fremtræden, og her har franske danse en særstilling – især menuetten, som giver den dansende en nobel ydre fremtræden, der ifølge von Rohr bl.a. består af regelrette skridt.[38] Von Rohrs noget ukonkrete beskrivelse af sammenhængen mellem dans og værdig opførsel kan præciseres, hvis den sammenholdes med Gottfried Tauberts argumentation for netop denne sammenhæng. Taubert, der var dansemester i Leipzig og Danzig, anså ligesom andre i samtiden danseaktiviteter for at være befordrende for kropsholdningen, og hans analyse var konkret i sin beskrivelse af den værdige opførsel:

> 1) [Man] bør altid, naar og hvor man staaer, sette Fødderne udad paa en proportioneret Maade: (d.e. vende Spidsen af den høyre Fod til høyre, og Spidsen af den venstre Fod til venstre Side, saa meget som fornøden giøres at staae vel.) 2) Accurat slutte Benene: (d.e. sette den eene, enten høyre eller venstre Fod, saaledes frem for den anden, at den forreste Fod kommer til at staae med Hælen lige for den bageste Fods Ankel, omtrent een god Haandsbred fra hinanden, og oventil flytte Hoftebenene med stive og udaddrejede Knæ.)[39]

Selv om Tauberts anden paragraf ikke synes fuldstændig overholdt i portrættet af Frederik V, er det tydeligt, at kongen står på en måde, som er nært beslægtet med menuettens og den kodificeret værdige positur. Den majestætiske fremtræden blev netop betonet i beskrivelsen af salvingsceremonien. Hersleb nævnte kongens »Majestætiske Gang og Air [ydre fremtræden]« ved indtoget i kirken, og hans »hurtige Skritt, Majestætiske Gang« fra tronen til alteret under begivenheden, så benenes unaturlige stilling i salvingsportrættet har af dets samtidige – herunder Taubert – kunnet forstås som udtryk for det majestætiske legemes værdighed.

Som det også fremgår af salvingsportrætterne af Frederik IV og Christian VII udgør regalierne en fast ingrediens i salvingsportrættet, og det kan i øvrigt konstateres, at en søjle i kolossalorden indgår i motivet. Søjlen var et i renæssancen velkendt attribut for Styrken, hvilket bl.a.

---

[37] Julius Bernhard von Rohr, *Einleitung zur Ceremoniel-Wissenschafft der Privat-Personen* (Berlin 1730), 184.

[38] Rohr (1730), 482 & 485.

[39] Gottfried Taubert: *Kort Udtog af Den efter Konsten indrettede Dantse-Exercitii Nytte, hvorudi vises hvor meget samme contribuerer til en behageliggiørende Opførsel for Unge Folk* (København 1742), 21f. Bogen er en dansk oversættelse af Tauberts tyske værk.

»ikonografen« Cesare Ripa havde udredt, og dette kan naturligvis forklare dens hyppige tilstedeværelse i fyrsteportrætter i almindelighed. I portrættet af Frederik V skimtes den bag kongens venstre arm, men i modsætning til Benoit le Coffre og Peder Als har Pilo ladet den sløre og delvist dække af skyerne og det blå draperi i baggrunden. Skyerne og draperiet kan virke som dekorativ staffage, men periodens kilder tyder på, at også denne del af motiv kan være blevet forstået som noget betydningsladet. Efter at kongeparret havde taget plads på tronerne i kirken, beskrev Hersleb dem på følgende måde:

> Jeg ser Guder opstige af Jorden <...> Da er Thronen for disse Guder, det, som Himmelen er for den udødelige Gud; Himmelen er hans Stoel og Sæde, Jorden hans Fødders Skammel. Hvorfor og den Himmel vi nu see over Deres Majestæters Throne, er i sin Pragt en Afbildning paa den Himmel heroven til. De glimrende Edelstene ere som Stjernerne paa denne Himmel; Purpuret er som Morgenrøden; Kronen som Syv-Stjernen; Kongens milde Ansigt, som den blide Soel paa Himmelen; Dronningens, som Maanen, der har sit Lys af Solen; Begges dyrebare Personer, som de tvende store Lys, Gud satte paa Himmelen.[40]

Den metaforiske beskrivelse af kongen som en sol på himlen kendes fra omtaler af hans enevældige forgængere, og den optrådte også andre steder i litteraturen om Frederik V. Sehested sammenlignede omkring tidspunktet for salvingsportrættets tilblivelse kongen med solen ved at skrive: »At see adskillige Stierner paa Himmelen, hver af sin Klarhed og Størrelse, fornøyer Øyet, men Solen, der med sin Herlighed formørker dem alle, og har ligesom samlet alle deres Lys i en Middelpunkt, kand alene mætte Øyet.«[41] Hvor tronhimmelen ved salvingsceremonien havde været pupurfarvet, har Pilo fremstillet kongen foran et lyseblåt draperi, som umærkeligt glider over i skyformationer, og han har derved tilladt betragteren at forstå baggrunden som en allusion til solmetaforikken i beskrivelserne af kongen. Det er kongerigets sol, der her ses på sin blå, halvskyede himmel. Men ved betoningen af denne betydning har Pilo givet køb på søjle-basen som en fast bestanddel af repræsentationsportrættets ikonografi. Det er faktisk muligt at overse denne del af motivet

---

[40] Hersleb (1749), 24.
[41] Sehested (1749), 8.

ved første øjekast, og på dette punkt bryder værket med repræsentationsportrættets faste skema. For så vidt som en overholdelse af dette skema har været vigtig for at sikre portrættets umiddelbart genkendelige tilhørsforhold til sin genre, kan portrættet have været betragtet som mislykket eller i det mindste ukonventionelt tvetydigt, hvad denne del af dets ikonografi angår.

Portrættet som ritual

Som en fortolkning af motivets dele viser, er Pilos portræt af Frederik V ikke blot en skildring af kongen i salvingsdragt, men tillige en akkumulation af allusioner til salvingen som en rituel begivenhed, der ved sin gentagelseskarakter havde til formål at pege på det kongelige legemes kontinuitet. Portrættet var dog også i sig selv en del af salvingsritualet. Som portrætterne af Frederik IV og Christian VII viser, indskriver det sig i en tradition for udførelse af sådanne værker i tilknytning til kongens salving. Det er muligt at se dette rituelle aspekt ved portrætudførelsen videreført i dens femfoldige gentagelse, selv om portrættet som sagt fremviser brud med genrens motiviske konventioner, men mere væsentlig for værkets konnotationer i retning af ceremoniel kontinuitet er dets repetition af skemaet i Rigauds i perioden velkendte fremstilling af Europas enevældige konge *par excellence*, Ludvig XIV. Ved at fremstille kongens figur på samme måde som Ludvig XIVs understregede Pilo fremstillingen af kongen som majestæt snarere end individuel person, og allusionen til solkongen styrkede sammenhængen mellem fremstillingen på den ene side og de metaforiske omtaler af kongen som »sol« på den anden.

Portrættets ceremonielle karakter understreges ved det analoge forløb ved opstillingen af periodens mest kendte portræt af Frederik V, Jacques François Salys rytterstatue på Amalienborg Slotsplads i Frederiksstaden. Statuen blev opstillet i august 1768, godt et år efter Christian VII's salving og tre år før den officielle afsløring i 1771. Efter at være blevet trukket fra støberiet via Kongens Nytorv, hvor den ældre rytterstatue af Christian V passeredes under afgivelsen af 27 kanonskud, nåede statuen Amalienborg Slotsplads, som blev skueplads for hovedceremonien: »continuerlig hørtes Feldt-Musik; da Statuen var avanceret til Piedestallet kl. 3½, blev atter givet 27 Canon-skud, og da Statuen var paa Piedestallet kl. 5½ opsat, blev atter givet 27 Canon-Skud, samt 3de Salver af den der posterede Commando Soldater, hvorpaa fulgte et fra de ved Ar-

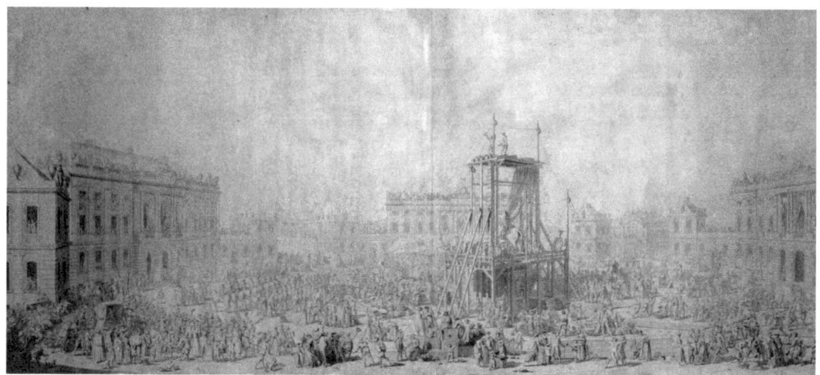

Ill. 2. Thomas Bruun (?), *Opstilling af rytterstatuen af Frederik V på Amalienborg plads den 16. august 1768.* Det Kgl. Bibliotek.

beydet brugte Matroser, frydefuldt Hurra.«[42] På en samtidig tegning af begivenheden gør soldater og ryttere front mod den regerende konge, som betragter opstillingen fra Moltkes Palæ til venstre, selv om begivenhedens centrum egentlig er statuen af hans far og forgænger (ill. 2). På denne måde fremhæver gengivelsen af ceremonien både den regerende monark og den billedgjorte (statuen) som aktører i ritualet. Tegningen kan naturligvis ikke opfattes som et dokumentarisk reportagefoto fra begivenheden, men den er et vidnesbyrd om opfattelsen af kongen, kongemagten og afbildningen af denne magt. Ceremonien på tegningen drejer sig om og understøtter billedet af majestæten, som bogstaveligt talt udgøres af rytterstatuen, men den levende regent bliver alligevel den centrale figur i ceremonien og viser sig derfor som et sideordnet billede til statuen: Statuen og kongen repræsenterer – d.v.s. forestiller – nemlig begge kongemagten. I ceremonien viser kongen sig som en sådan repræsentation – i egenskab af hvilken han kunne ligne en far, et hoved, Kristus eller Gud – og bærer sin billedlighed til skue.[43] Med stor præcision udlagde Saly den lyslevende Frederik V som et billede, da han en dag

---

[42] *Adresseavisen* 16. Aug. 1768, citeret efter Emma Salling (red.): *J.-F.-J. Saly i den københavnske Presse: Uddrag af Berlingske Tidende og Adresseavisen 1754-1774*, (Københavns Bymuseum, København 1976).

[43] En overbevisende fortolkning af den enevældige monark som billede leveres i Louis Marin: *The Portrait of The King* (Minneapolis 1988), især 207-11.

havde set denne komme ridende til hest: »Jeg hørte dette Folk at raabe: Der er vor Fader! Og Monarken, der vendte sig til højre og venstre, viftende med Haanden for at betegne den sit Hiertelav, at svare: Ja! I ere mine Børn! I ere alle mine Børn!«[44] Med andre ord: Rytterstatuen forestiller og repræsenterer Frederik V, som på sin side bl.a. forestillede en far.

Analogien mellem salvingsceremonien og salvingsportrættet på den ene side og rytterstatuens indvielsesceremoni under kongens tilstedeværelse på den anden drejer sig om den måde, hvorpå ritualet omfatter billedet og anskueliggør det kongelige legeme. Ritualet og portrættet delte i begge tilfælde funktion, for så vidt som begge tjente til at åbenbare kongens repræsentative, majestætiske legeme.[45]

Kontra-ritual/kontra-ikonografi

Salvingsceremonien med den tilhørende udførelse af et portræt af monarken i salvingsdragt blev gentaget ved Christian VII's tronbestigelse i 1767. Ved denne lejlighed var det biskop Ludvig Harboe, der prædikede under ceremonien i Christiansborg Slotskirke, og det var Peder Als, som førte penselen ved portrættets udførelse.

Salvingen fandt sted i maj, men allerede i februar havde Det Kongelige Kunstakademi på *sin* måde bidraget til at sætte fokus på den forestående salvingsceremoni. Det skete ved i netop dette år at lade motivet for den årlige guldmedaljekonkurrence ved akademiet være »David salves af Samuel« med motiv fra 1. Sam., 16,13. Som omtalt havde jævnførelsen af den enevældige kongerække med det kanoniske, Gudsindstiftede israelitiske kongedynasti været et tema i salvingsprædikenen i 1747; en pointe, som Harboe nu gentog med bl.a. en sammenligning af den oldenborgske stamme med det israelitiske dynasti, som var indledt med Davids salving til konge.[46] Den olie, som den ny monark salvedes med, var ifølge bispen »Guds Olie«. Denne benævnelse var en entydig allusion til den ovenfor nævnte beretning i 1. Sam., hvor Samuel salver David med olie fra et

---

[44] Henry d'Urst Butty (udg.): *Beskrivelse over Statuen til Hest, som det Asiatiske Compagnie har helliget til Kong Frederik den Femtes Ære* (København 1774), 11.

[45] Hvad angår ceremoniens funktion, støtter jeg mig til hovedpointen i Jean-Marie Apostolidès: *Le roi-machine: spectacle et politique au temps de Louis XIV* (Paris 1981).

[46] Frederik Münter (udg.): *Kong Christian den Syvendes og Dronning Caroline Mathildes hellige og høitidelige Salving i Christiansborg Slots-Kirke den 1ste Mai 1767, og de i den Anledning holdte Taler, af Ludvig Harboe, efter Kongelig allernaadigst Befaling* (København 1828), 18.

horn, som han på Guds befaling bærer. I den gammeltestamentlige tekst hedder det, at David ved sin salving blev grebet af Herrens ånd.

Valget af netop Davids *salving* som motiv for konkurrencen i Christian VII's salvingsår kan ikke have været tilfældigt, men valget af en bibelsk fortælling som emne var til gengæld traditionelt. Hovedværker fra kunsthistorien af Rafael, Michelangelo og Nicolas Poussin blev ved akademiet anført som bevis for, at temaer fra Bibelen gav de bedste forudsætninger for frembringelse af kunstværker af høj kvalitet.[47] Vinderen af guldmedaljen i 1767, Nicolai Abildgaard, hentede da også sin kompositionsform og sin figurstil i *David salves af Samuel*[48] fra Nicolas Poussin, hvad en sammenligning med den franske malers *Dåben* i en grafisk gengivelse af den art, som Abildgaard må have kendt, demonstrerer. Figurerne omkring det centrale optrin i såvel Poussins billede som Abildgaards er grupperet på sammenlignelige måder og reagerer på handlingen med stort set overensstemmende gebærder. Den mest påfaldende lighed udgøres dog af figurparret i centrum af begge værker. I Jean Pesnes' kobberstik efter Poussins maleri er motivet under den grafiske trykning blevet spejlvendt, sådan at Jesu og Johannes Døberens placering i forhold til hinanden minder om Sauls og Davids indbyrdes placering.[49] Hvor Johannes Døberen lader dråber fra Jordanfloden falde på Jesu hoved, lader Saul på parallel vis olien fra sit horn dryppe over den knælende Davids hoved. Ligheden mellem fremstillingerne af de to forskellige episoder i Bibelen er iøjnefaldende, men næppe tilfældig. Herslebs salvingsprædiken fra 1747 havde som nævnt pointeret, at Kristus betyder »den salvede«. Abildgaards salvingsfremstilling kunne med overlejringen af et traditionelt dåbsmotiv antyde tilstedeværelsen af en betydningsdimension ved salvingshandlingen under enevælden – en dimension, som var aktuel i året for maleriets tilblivelse.

Christian VII's regeringsår blev i tiden efter 1770 kendetegnet ved hans livlæge, Johann Friedrich Struensees tiltagende indflydelse på regeringen af landet. Indflydelsen udmøntede sig i en række politiske reformer, som havde rod i oplysningstidens politiske nytænkning. Imidlertid

---

[47] Emma Salling: *Kunstakademiets Guldmedalje-Konkurrencer 1755-1857* (København 1975), 13.

[48] Nicolai Abildgaard, *David salves af Samuel*, Det Kongelige Kunstakademi. Repr. i Salling (1975) Pl. X.

[49] Jean Pesne (1623-1700), *Le baptême*, Kobberstik (to blade), udat. Den Kongelige Kobberstiksamling.

udløste Struensees politiske tiltag – samt hans elskovforhold til dronningen – i begyndelsen af 1772 et kup mod ham selv, foranstaltet af en gruppe personer fra samfundets elite, for hvem reformerne havde været ufordelagtige. Under den efterfølgende retssag blev Struensee og hans støtter idømt forskellige straffe for gerninger under reformperioden. Struensee blev sammen med grev Enevold Brandt idømt en rituel dødsstraf med efterfølgende placering af liget på hjul og stejle: Først skulle høre hånd afhugges, derefter skulle den dødsdømte halshugges for til sidst at få kroppen parteret i fire dele. Hovedet placeredes på en stage, hvortil den afhuggede hånd nagledes fast, mens de fire kropsdele blev lagt på vognhjul, som var placeret øverst på andre stager. De henrettede forblev udstillede på denne måde, indtil ligdelene forsvandt på naturlig vis.

Dommene var i overensstemmelse med Danske Lovs bestemmelser om straffen for overgreb mod kongen eller dronningen. Eftersom Brandt under et håndgemæng med den sindssyge Christian VII havde bidt kongen i fingeren, og eftersom Struensee havde været dronningens elsker, kunne begge dømmes efter lovens retningslinier:

> Hvo som laster Kongen, eller Dronningen, til Beskæmmelse, eller deris og deris Børns Liv eftertragter, hvad forbrudt Ære, Liv og Gods, den høire Haand af hannem levendis afhuggis, Kroppen parteris og leggis paa Stægle og Hiul, og Hovedet med Haanden settis paa en Stage. Undkommer Misdæderen, og ikke kand lide paa Legemet, da bør Straffen at skee paa hans Billede og efterlignelse. Er Misdæderen af Adel, eller Højere Stand, da skal hans Vaaben af Bødelen sønderbrydis, og alle hans Livs Arvinger miste deris Stand og Stamme.[50]

Danske Lovs bestemmelse om muligheden af henrettelse *in effigie* viser, hvordan et billede i perioden kunne indgå i en rituel sammenhæng, men hvad der er af større betydning, er den rituelle behandling af misdæderens krop i forbindelse med straffeceremonien. Det er tidligere blevet bemærket, at afhugningen og den separate udstilling af forbryderens hånd var symbolsk: Med hånden havde denne angiveligt udført den misgerning, som han var dømt for, så derfor rettede straffen sig i første omgang mod den.[51] I tilfældet med Struensee og Brandt lader anvendelsen af

---

[50] *Kong Christian den Femtes Danske Lov af 15. April 1683*, udg. Stig Iuul (København 1949), 4. Capitel, § 1.

[51] Tyge Krogh: *Oplysningstiden og det magiske: Henrettelser og korporlige straffe i 1700-tallets første halvdel* (København 2000), 320.

denne straf sig tolke som et ritual, som definerede majestætsforbryderens krop som den diametrale modsætning til det majestætiske legeme, der var blevet krænket ved forbrydelsen: Som vi kan se af Pilos portræt og læse af Herslebs prædiken, var kongens scepter- og rigssværdførende højre hånd en del af kongens statsrepræsenterende legeme, mens de to majestætsforbryderes højre hånd i en kontrasymbolsk handling som det første blev afhugget under straffeceremonien i 1772.[52] Det bør i øvrigt i denne sammenhæng bemærkes, at Brandt havde krænket det majestætiske legeme ved at bide kongen i netop hånden. Sønderdelingen af de to forbrydere og den efterfølgende udstilling af de parterede kroppe har for samtiden stillet deres modsætningsforhold til det majestætiske legeme til skue. I et samtidigt stik ses de sønderdelte kroppe på hjul og stejle, såvel som de to henrettedes våbenskjold, som i henhold til Kongeloven var blevet sønderbrudt før henrettelsen. Ikonografien opdeles dermed i to dele, der svarer til regalierne og kongens person som særskilte dele i Pilos salvingsportræt: Våbenskjoldene symboliserer den adelige status, mens regalierne er symboler på kongeværdigheden. Stikkets tekst fortæller, at de to skjolde blev sønderbrudt under straffeceremonien, mens billederne af de parterede lig taler for sig selv om en lignende sønderdeling, i dette tilfælde af kroppene. På en måde, som kan beskrives som »kontraikonografisk«, udpeger billedet af de vanærede personer og deres knuste våbenskjolde dermed det centrale tema i Pilos salvingsportræt: Den majestætiske krop og de symbolske genstande, som tilhører den og bidrager til dens værdighed.

Få måneder efter, at Struensee og Brandt var blevet henrettet, blev Pilo udvist af Danmark. I den gængse litteratur om kunstneren udlægges udvisningen som et led i en gryende nationalfølelse i landet, selv om den konkrete anledning skal have været, at Pilo nægtede at efterkomme Christian VII's befaling om at drage til Slesvig for at udføre portrætter af medlemmer af den kongelig familie dér.[53] Pilo forlod landet i efteråret 1772 og slog sig ned i Sverige med kongelig dansk pension. Den nationale bevidsthed, som angiveligt bidrog til Pilos afsked med landet, blev

---

[52] Til denne fortolkning henter jeg inspiration i Clifford Geertz: »Centers, Kings, and Charisma: Reflections on the Symbolics of Power«, in: *Local Knowledge: Further Essays on Interpretive Anthropology by Clifford Geertz* (New York 1983), 121-46.
[53] Sirén (1902), 156.

styrket i årene efter Struensees fald.[54] Struensee var tysker, og en del af de embedsmænd, han havde indsat, var ligeledes af anden herkomst end dansk. I årene efter hans fald satte en stribe lovændringer fokus på dansk identitet – en udvikling, hvis kulminationspunkt kan siges at have været loven om indfødsret fra 1776, som herefter reserverede statslige embeder til personer, som var født i landet. Pilo ville have været forment adgang til embedet som Kunstakademiets direktør og hofmaler efter 1776, men hans tilstedeværelse i Sverige medførte nye opgaver, som lå i forlængelse af de temaer, som havde beskæftiget ham i Danmark. I 1777 modtog han bestilling på en fremstilling af Kong Gustav den Tredjes kroning, som havde fundet sted i 1772 i Stockholms Storkyrka. Værket blev efterladt ufuldendt ved kunstnerens død i 1793, men det langvarige arbejde på billedet må have forekommet kunstneren som en variation over et tema, som havde beskæftiget ham under årene i Danmark.

[54] Se fx Ole Feldbæk: *Den lange fred 1700-1800, Gyldendal og Politikens Danmarkshistorie* 9, red. Olaf Olsen (København 1990), 332.

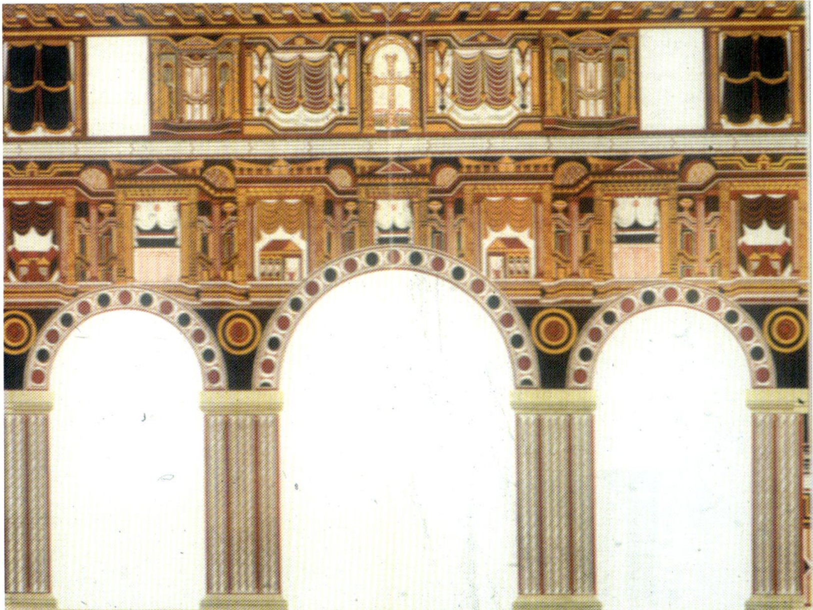

Planche I. Et af fire ens kors i kirken kommer til syne over korbuen, omgivet af et selvbevidst system af visuelle åbninger og lukninger i form af en scenisk arkitektur med skærmende forhæng. Magín Berenguers udtegning af østvæggens freskoudmaling, rekonstrueret i sin fulde farvepragt, San Julián de los Prados, Oviedo, Asturien (mellem 812 og 842).

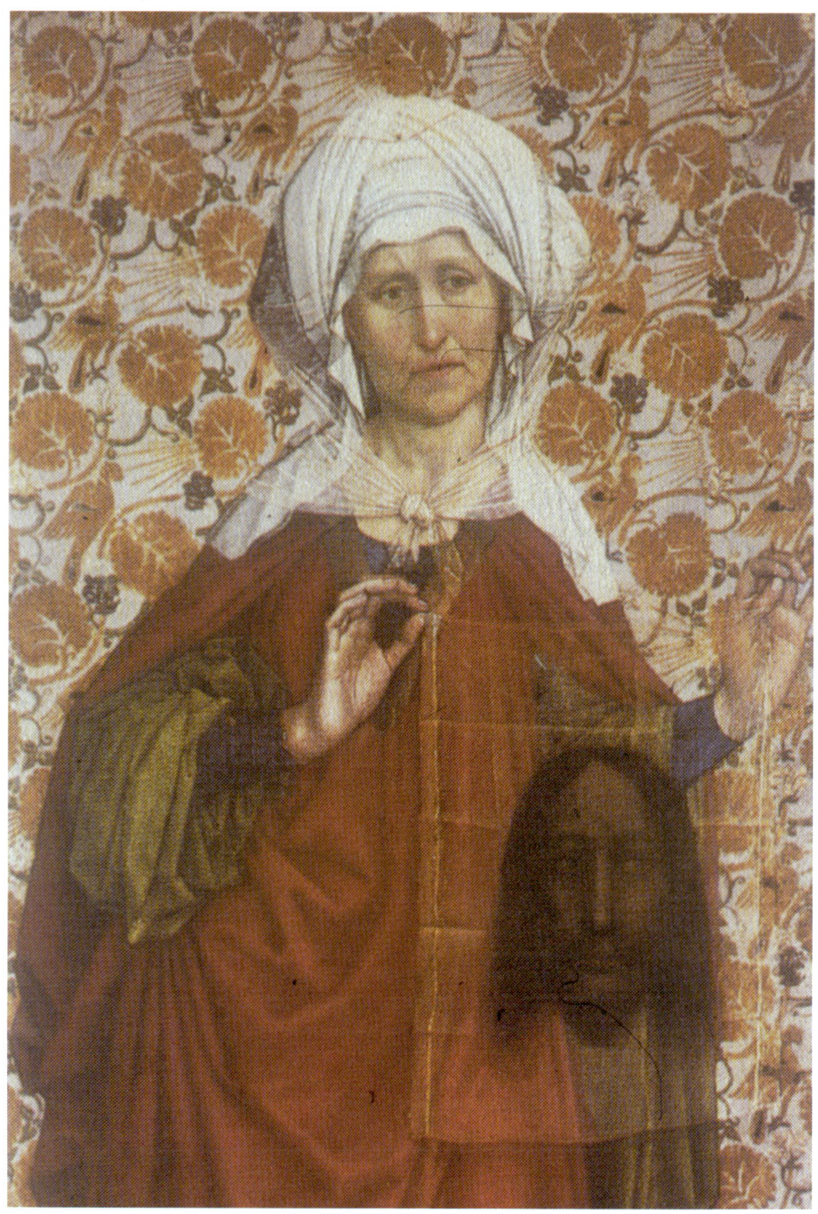

Planche II. Veronica fremviser sin svededug som et billede, og dog mere end et billede. Flémalle-mesteren eller Robert Campin (ca. 1375-1444), Städelsches Kunstinstitut, Frankfurt am Main. (Udsnit).

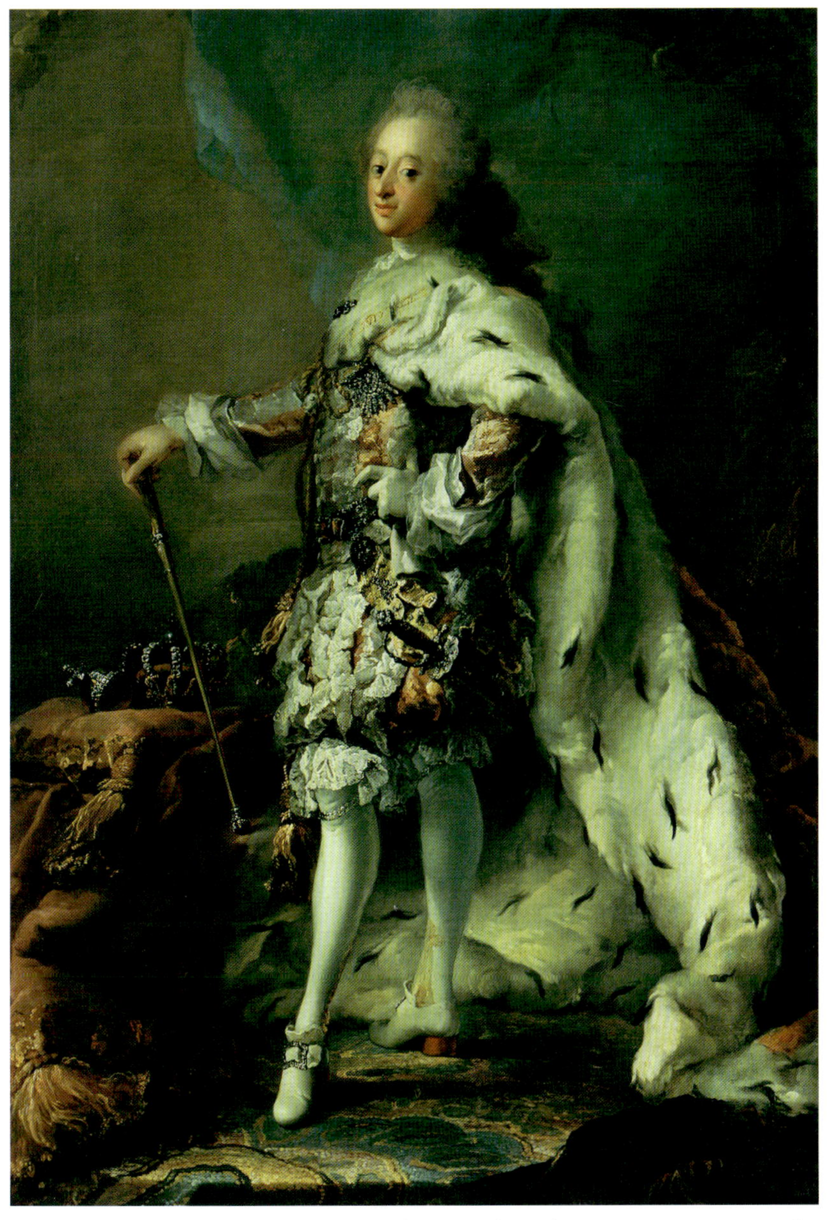

Planche III. Carl Gustaf Pilo, *Frederik V i Salvingsdragt*. Statens Museum for Kunst.

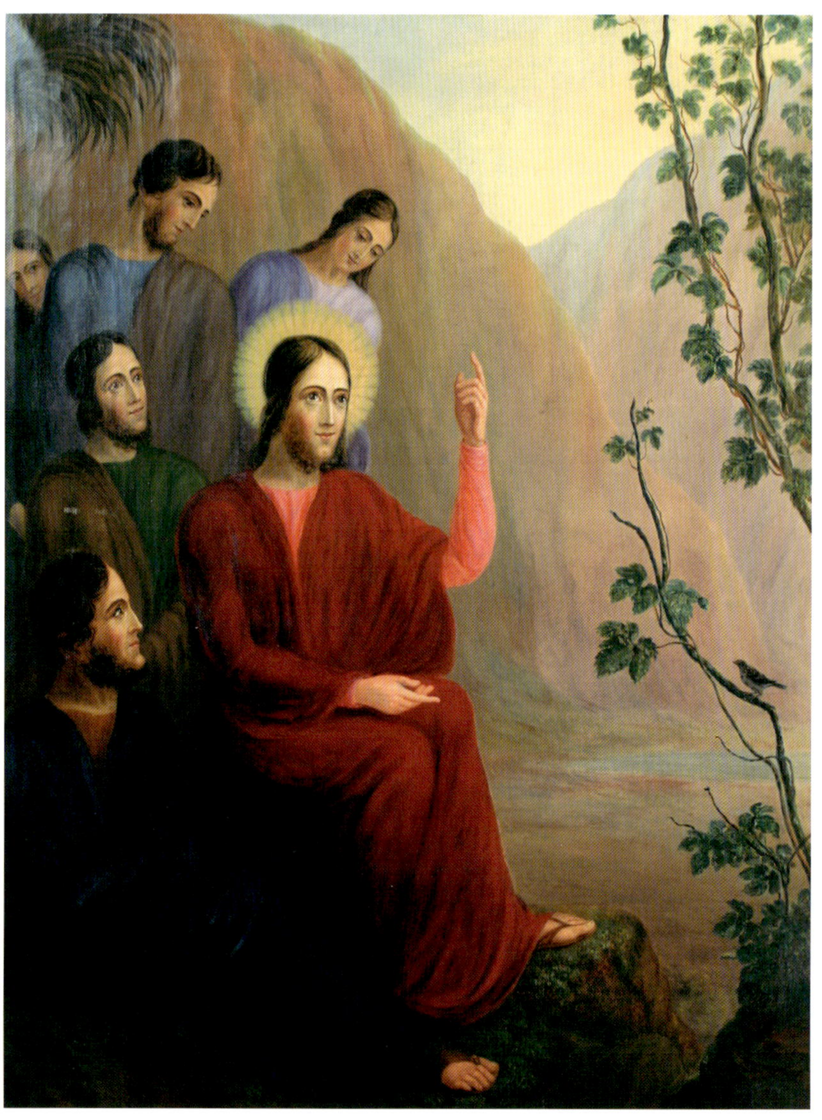

Planche. IV. Lucie Ingemann: *Kristus med sine disciple*. 1852. Tidligere i Gedsted Kirke, nu i Nationalmuseet. Foto: Rikke Ilsted Kristiansen 2005.

Imitatio Christi

Søren Kierkegaards forhold til den religiøse kunst

Ragni Linnet

Kristi indhentende blik

Søren Kierkegaards diskussion af den religiøse kunst har ét væsentligt omdrejningspunkt: Hvad lægger denne kunst op til? Til at beundre? Eller til at følge efter? I samme åndedræt spørger han til forskellen mellem: at betragte, hvilket også vil sige at beundre og at være tilskuer til, og så det: at se med et kærligt blik, som er åbent for gensidighed, forandring og handling.

Alt, hvad Kierkegaard siger, er jo ikke nødvendigvis værd at skrive artikler om. Hvorfor er denne kierkegaardske drejning af spørgsmålet om forholdet mellem billedkunst og kristentro så interessant? For at forstå Kierkegaard og perspektiverne i den vending, han foretager, må vi først have tre grundlæggende ting på plads. De vedrører dels synet og blikkets rolle i hans tænkning, dels hans syn på maleriets væsen og endelig den kunsthistoriske forsknings omgang med hans samtids religiøse billedverden.

Det er Kierkegaards påstand, at det menneskelige fællesskab forkrøbler i indbyrdes vurdering og sammenligning, fordi den enkelte i vurderingen af sig selv alene har de indbyrdes forskelle som målestok. Dette sætter sig i blikket eller *det sandselige øje*, som han formulerer det: »Det sandselige Øie seer altid Forskjellighederne og seer *til* Forskjellighederne« (SKS 9:75).[1] Dette blik ser ikke den, det ser på, tværtimod. Når vi ser med dette blik, så overser vi den anden eller ser blot den anden, sådan som vi vil, nemlig i vort eget billede. Men der er også en anden måde at se på, som

---

[1] Der henvises i det følgende til Søren Kierkegaard: *Samlede Værker*, 4 udg. (København 1991). Tallene i parentesen før kolon refererer til bind, efter kolon til sidetal. Hvis værket allerede er udgivet i *Søren Kierkegaards Skrifter* (København 1997 ff.), henvises på samme måde, dog med et SKS i parentesens start.

inddrager det religiøse perspektiv på Evigheden, Gud og menneskene. Her er der tale om lighed, nemlig den evige ligelighed, hvor det enkelte menneske er den Enkelte for Gud i en fælles menneske-lighed. Også den evige ligelighed udtrykker sig i blikket, i et gensidighedens kærligheds-fulde blik, hvor de, der ser, selv lader sig se og lader sig berøre både af det, de ser, og af det, at de bliver set.[2] Når Kierkegaard i sine tanker om det religiøse maleri sondrer mellem det at betragte og så det at se, er det med denne holdning til blikket og dets udvekslinger i baghovedet.[3]

Forskellen mellem at betragte og at se har også at gøre med, hvorvidt man forholder sig passivt eller aktivt, receptivt eller interagerende i forhold til den eller det, man iagttager. Her kommer Kierkegaards syn på samtidens akademiske maleri ind i billedet. Ifølge Kierkegaard lægger det nemlig kun op til at blive betragtet, på afstand, interesseløst. Den tids kunstsyn fordrede malerier, som undlod at søge effekt og dermed skabe affekt. Ikke nok med det. Ifølge Kierkegaard er maleriet ikke i stand til at gribe tid, forandring, processualitet. Det fryser handlingen i et evigt nu og kan kun fremstille en tilstand.[4] Over for dette står Kierkegaards opfattelse af tro som en aldrig afgjort stræben, en stadig (til)bliven eller, som han ville sige det, tro har alt at gøre med at vorde, men intet med at være en gang for alle og endegyldigt.[5] Kierkegaards syn på maleriets væsen og

[2] Om den evige ligelighed jf. f.eks. Arne Grøn: *Begrebet angst hos Søren Kierkegaard* (København 1994), 147-149. Om det kærlige blik jf. Arne Grøn: »Kærlighedens gerninger og anerkendelsens dialektik«, in: *Dansk Teologisk Tidsskrift*, 1991, især 268f.

[3] Om det sandselige øje jf. Ragni Linnet: »Kierkegaard, Eckersberg og 1840rnes billedskabende blik«, in: *Spring, tidsskrift for moderne dansk litteratur* 9 (1995).

[4] I dette trækker han på G.E. Lessing: *Laokoon oder über die Grenzen der Malerei und Poesie* (1766), Reclam Universal-Bibliothek nr. 271 (Stuttgart 1987), samtidig med at han transponerer Lessings teori om det 'tidsløse' billede over i den ultimative passive eksistensmodus, nemlig dødens. Maleriet kan ikke blot ikke rumme tiden, det slår, ligesom døden, tiden ihjel og har lige så lidt eksistens som den blodløse, flade skygge, verden og vi kaster på væggene. Om dette jf. også Ragni Linnet: »An Art of Blindness. Kierkegaard and the Nature of Pictures«, in: *Nordisk Estetisk Tidskrift* (NET) 23 (2001). Her trækkes den billedtænkning, vi finder i de værker, jeg især inddrager i det følgende, nemlig *Kjerlighedens Gjerninger* og *Indøvelse i Christendom*, tilbage til dens første formuleringer i bl.a. *Enten-Eller* fra 1843. Det er i denne sammenhæng irrelevant, hvad både den moderne og den aktuelle billedteori måtte mene om Kierkegaards synspunkt. Blot skal bemærkes, at hverken den, de eller jeg er enige.

[5] Om dette se f.eks. hans kritik af Friedrich Schleiermacher i Søren Kierkegaard: *Søren Kierkegaards papirer*, 2. forøgede udg. (ved Niels Thulstrup) (København 1968-78), 10,2 A 416-417 (fra 1850). I det følgende henvises til *Søren Kierkegaards papirer* med et (*papirer*).

væren synes på forhånd at afsnøre enhver kreativ kunsthistorisk omgang med hans kunstteologiske tænkning – havde det ikke været netop for hans fokus på 'blikket, der ser'.

I betragtning af materialets righoldighed og altertavlernes kunsthistoriske betydning – deres kulturhistoriske og religionshistoriske placering i forhold til tidens mange vækkelsesbevægelser ikke at forglemme – og den rolle, de spillede for de enkelte kunstneres økonomi, har guldalderforskerne indtil for ret nyligen haft forbavsende lidt at sige om den første del af 1800-årenes altertavler.[6]

Det religiøse maleri, i det omfang det har iklædt sig historiemaleriets gevandter, har påkaldt sig størst interesse. Det skyldes formodentlig dels de egenartede og vanskelige, ja næsten umulige maleriske, didaktiske og tolkningsmæssige krav, det egentlige andagtsbillede stiller. Men det skyldes også, at de parametre, der tidligere prægede guldalderforskningen og har betinget dens synsfelt, har rødder i det rationalistiske intellektuelle miljø omkring århundredskiftet. I dette *brandesianske* miljø, hvor Nietzsches diktum: »Gud er død« genlød med en vis efterklang, følte man – helt forståeligt, det var jo stadig snærende tæt på – et vist ubehag ved alt for megen tale om troens vækkelse eller troens tunge kors. Kierkegaards

---

Tallene læses som følger: 10,2 betyder vol. 2 i bind 10. Bogstavet henviser til den gruppe, optegnelsen er ordnet under, og det sidste tal, her 416-417, til gruppens interne nummerering inden for gruppen. For en uddybning af Kierkegaards forhold til Schleiermachers æstetik jf. Ragni Linnet: *Kierkegaard, Schleiermacher and Romantic Painting – or how is coming into existence portrayed? Aesthetics as aspiration and (stagnant) condition* (forthcoming).

[6] Især Erik Fischer og Hannemarie Ragn Jensen har på hver deres måde ydet væsentlige bidrag, som tager fat i vigtige lakuner i forskningen. Fischer med artiklen »Om Eckersbergs altertavle i Frederiksberg kirke. Tydning og tolkning« (1983), genoptrykt i Erik Fischer (udvalg og forord ved Per Kirkeby): *Billedtekster* (København 1988), 59-71, hvis omdrejningspunkt er altertavlens *sine qua non*: det teologiske udsagn, og Ragn Jensen med registrering og beskrivelse af det nazarensk inspirerede altertavlemaleri, som ellers var faldet helt ud af forskningens stormaskede guldalderkoncept, jf. »Ein dänischer Nazarener. J.L. Lunds Altergemälde«, in: *Hafnia* 5 (1978), 78-106 og »Die zweite Generation der dänischen Nazarener« in: *Hafnia* 6 (1979), 144-175. Andre sammenfattende arbejder er Jette Kjærboe: »C.W. Eckersbergs altertavler«, in: *Kunstmuseets Årsskrift* (1975), 119-164, Nina Damsgaard: »Eckersberg som Nazarener«, in: Aarhus Kunstmuseum: *C.W. Eckersberg*, udstillingskatalog (Århus 1983), 31-39 og Jens Peter Munk: »Constantin Hansens altermalerier«, in: Thorvaldsens Museum/Aarhus Kunstmuseum: *Constantin Hansen* (København 1991). Af de seneste skud på stammen skal nævnes Nivaagaards Malerisamlings katalog *Troens stil i guldalderens kunst* (København 1999), som bl.a. rummer en artikel af Nina Damsgaard om 1800-tallets altertavlemaleri og tidens religiøse strømninger.

reflektioner over det religiøse maleris forhold til handlingerne: at betragte og at se, kaster et andet lys over materialet og giver os bl.a. mulighed for at reflektere over, hvorfor så mange – sammenlignet med tidligere perioder – af tidens altertavler rent faktisk forsøger at tale til hver enkelt af os, idet de ser os direkte i øjnene – for nu at tale, som Kierkegaard gør det

Kierkegaard udfolder sin teori om det religiøse billede og dets (u)væsen i tæt dialog med en analyse af Kristi indhentende blik, sådan som han forestillede sig det i forbindelse med Peters fornægtelse. Dette blik er det i sandhed kristne blik. Kristus, skriver han i 1847 i *Kjerlighedens Gjerninger*, »vendte ikke sit Øie bort fra ham for ligesom at blive uvidende om, at Peder var til <...>, nei, han »saae paa ham«, han indhentede ham strax med et Blik <...>. Og hvorledes saae Christus paa Peder? Var dette Blik frastødende, var det som et Blik til Afskeed? O, nei, det var som naaer Moderen seer Barnet ved dets egen Uforsigtighed i Fare, og nu, da hun ikke kan komme til at gribe Barnet, indhenter det med sit vel bebreidende men ogsaa frelsende Blik. <...> Verdens Frelser saae ikke feil <...>« (SKS 9:170).

Kierkegaards ærinde i dette stykke er at vise tilgivelsen og gensidigheden i det at se. For Kristus »fuldkommede i at elske Peder det at elske det Menneske man seer« (SKS 9:172). Forskellen mellem det kærlige, gensidige blik og så det betragtende kommer frem i modstillingen af Kristi og Peters blik: Peter »<...> *saae til*, <...> han end ikke greb Flugten <...>, nei, han blev staaende som – *Tilskuer*, hvad han sikkrede sig at kunne være – ved at fornegte dig« (SKS 9:169, mine kursiver).

Spørgsmålet i det følgende er sammenhængen mellem det indhentende og gensidige blik, Kierkegaard taler om i den religiøse sfæres rum, og så det blik, der møder vort i tidens samtidige danske altertavler.

Forestilling og fremstilling

I nogle af 1840ernes altertavler drager Kristi favnende blik den troende, der møder hans blik, til sig. I sig selv er sammenfaldet ikke andet end kuriøst. Vi ved da også alle allerede, hvad blikket betyder. Motiver med en Kristus, der med blikket henvender sig direkte til beskueren, er velkendte i kunsthistorien. Kierkegaard lægger i *Dømmer Selv!* (skrevet 1851-52) ikke skjul på, hvad han mener om den sag: »Der var en Tid, da Kunsten forsøgte sig i at fremstille Verdens Frelser, Jesus Christus. Det var vistnok en Misforstaaelse; thi saaledes lader han sig da umuligt fremstille, da hans

Herlighed er den usynlige, den inderlige, og han, Modsigelsens-Tegn – hvilken Modsigelse at ville *male* dette! – *skjult i modsat* Udvortes. Altsaa Kunsten vil forgjeves forsøge sig derpaa« (17:153).

Det er bestemt ikke nogen smal sag at skabe en meningsfuld dialog mellem figuren: Kristi indhentende blik og så det samtidige religiøse maleri. Figuren tvinger os til også at holde Kierkegaards kunstteologiske overvejelser over det irreducible Andet, »det absolut Forskjellige, paa hvilket man intet Kjendetegn har« (SKS 4:244), dét, som hverken tanken kan fatte eller billedet omfatte, op over for altertavlerne. For det grundlæggende paradoks for troen: Gud-Mennesket, Kristus, er »i Ukjendeligheden, iført Ukjendeligheden« (16:132).

Faktisk viderefører ordene i den kierkegaardske tekst og de kierkegaardske ordbilleder den vestlige filosofis oscillering i forhold til det religiøse: Intetsteds i den filosofiske diskurs er nødvendigheden af at overvinde konkretbillederne så akut, og intetsteds forekommer de så umulige at give afkald på. Det hellige og ubetingede kan ikke lukkes inde i en menneskeskabt figur, der, formet som den er af vore tanker og forestillinger, også bærer vore menneskelige begrænsninger. Det er det, Kierkegaards næsten samtidige Kant peger på, når han forbinder »det sublime« med både det jødiske billedforbud og det formløse, der ikke kan knyttes forestillinger til.[7] Hos Kierkegaard skærpes dette. Først i et næsten augustinsk inderlighedens brud med umiddelbarheden og det synlige kan der blive tale om et sandt Gudsforhold.[8] Troens paradoks kan ikke opløses i en række syntetiserbare, fremstillelige dele uden at det mister kraften. At lede efter Kristi indhentende blik i Kierkegaardsk forstand i de samtidige altertavler er derfor som at søge efter aftenskyggen i middagssolen.

Var der intet mere at sige, ville kunsthistorikerne kunne spare sig be-

---

[7] I. Kant: *Kritik der Urteilskraft*. Werke 10, (Frankfurt a.M. 1974), 164-207 (§ 23-29), især 201f. og 168.

[8] I *Afsluttende uvidenskabelig Efterskrift*, Kierkegaards summa anno 1846, kommer denne tanke til orde i forbindelse med en redegørelse for værkets 'indirekte form' (det, han kalder 'den indirekte meddelelse'): »Thi ingen anonym Forfatter kan listigere skjule sig <...> end Gud. Han er i Skabningen, overalt i Skabningen, men ligefremt er han der ikke, og først naar det enkelte Individ vender sig ind i sig selv (altsaa først i Selvvirksomhedens Inderlighed), bliver han opmærksom og istand til at see Gud. Det ligefremme Forhold til Gud er netop Hedenskab, og først naar Bruddet er skeet, først da kan der være Tale om et sandt Guds-Forhold. <...> Betragteren slipper ikke ligefremt til Resultatet, men maa ved sig selv bekymre sig om at finde det, og derved bryde det ligefremme Forhold« (SKS 7:221).

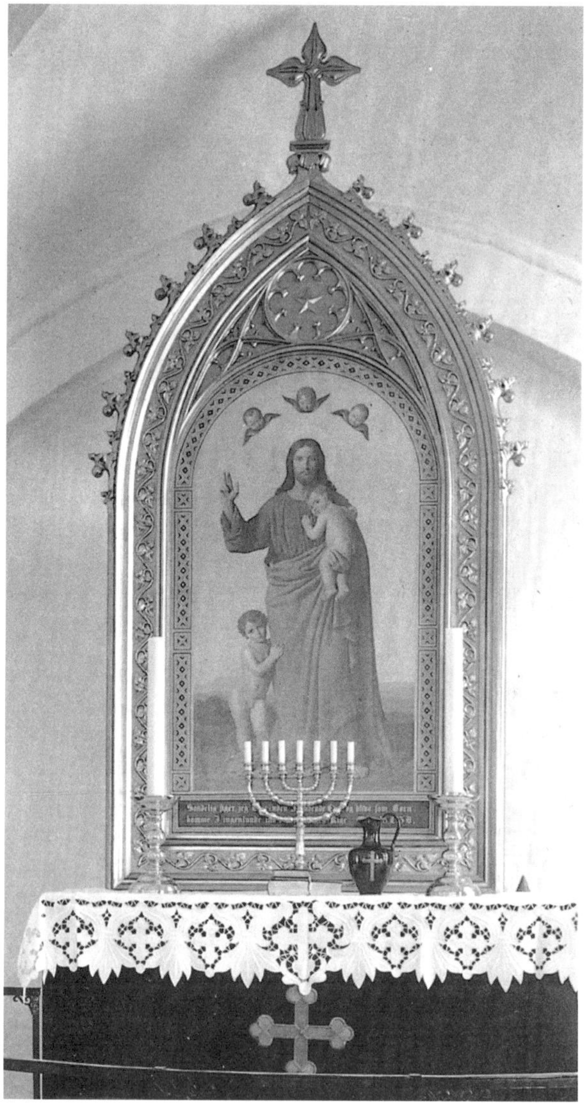

Ill. 1. Constantin Hansen: *Uden at I blive som børn.* 1841-42. Torup Kirke. Ældre fot. i Nationalmuseet.

sværet med Kierkegaard og nøjes med at studere altertavlerne: billedet kan ikke fremstille Kristus, paradokset, som både er Gud og Menneske, endsige hans allestedsnærvær, og billedet kan ikke agere i gensidighed: et maleri har ikke øjne, som *ser.* Her ligger Kierkegaard jo bare i forlængelse af både Bibelen og af bl.a. 1500-tallets tyske billedstormere, f.eks. Andreas Bodenstein (kaldet Karlstadt), der i 1522 – og med henvisning til Jes. 44, 9-20 – skrev: »Der bildmacher macht ein bilde und krümet sich vor ime. Er krümet sich vor ime und betet ess an und saget: Mache mich letig, erlose mich, dan du bist mein Got./ Alsso haben sie vergessen, das die augen der bilder nicht sehen und das sie in irem herze nicht verstehnd«[9] Men faktisk viser det sig, at denne kierkegaardske figur: Kristi indhentende blik, har meget at give, når det handler om at forstå ikke blot den etablerede kirkes udspil i en tid præget af kritiske vækkelsesbevægelsers angreb, men også de billedteologiske forestillinger, tavlerne er styret af, og de problemer, kunstnerne kæmper med i deres fremstillinger afVor Frelsers guddommelige nærvær (som grunder i et fravær) og hans kommunikation med individet.

I det følgende vil vi derfor lade figuren afstikke, hvad vi spørger til i tidens altertavler, og hvordan vi spørger. Lad os udvælge nogle eksempler, som hver for sig er typiske for tidens fremstilling af Kristi direkte blik og samtidig lader motivets dybe religionsfilosofiske rødder skinne igennem. Vi kunne f.eks. nævne Constantin Hansens blanding af Salvator- og Blive som Børn (Math. 18,3-5) -motivet fra 1840-41: *Uden at I blive som børn* (Torup Kirke) (ill. 1), C.W. Eckersbergs *Christus og de seks apostle* fra 1842 (Uggeløse Kirke) (ill. 2), som fremstiller det øjeblik, hvor Kristus efter indtoget i Jerusalem taler til folket og siger: »Jeg er kommen som et Lys til Verden, for at hver den, som tror paa mig, ikke skal blive i Mørket (Joh. Ev. 12,46-47)[10], eller *Nadveren* i Frederiksberg Kirke (1841), også af Eckersberg (ill. 3). Tekstgrundlaget for *Nadveren* er den såkaldte ypperstepræstelige bøn, som Kristus, vel vidende om sin snarlige bortgang, fremsiger ved afslutningen af den sidste nadver. Umiddelbart derefter begiver han og disciplene sig til Getsemane Have, hvor Jesus pågribes, efter at Judas har forrådt ham. Erik Fischer har vist, at man i billedanalytisk sammenhæng særligt skal mærke sig disse ord i bønnen: »Og jeg er ikke mere i Verden, men disse [altså disciplene, min tilføjelse] ere i Verden, og jeg kommer til dig« (Joh. Ev. 17,11).[11] Endelig kunne man slutte med

---

[9] Karlstadt citeres efter Karlheinz Barck, Martin Fontius, Dieter Schlenstedt, Burkhart Steinwachs og Friedrich Wolfzettel (Hrsg.): *Ästhetische Grundbegriffe. Historisches Wörterbuch in sieben Bänden*, bd. 1 (Stuttgart/Weimar 2000), artiklen 'Bild', 638.

[10] Jf. Kjærboe (1975), 149 og 162.

[11] Jf. Fischer: (1983/1988) Se også Erik Fischer: *C.W. Eckersberg. His Mind and Time* (København 1993).

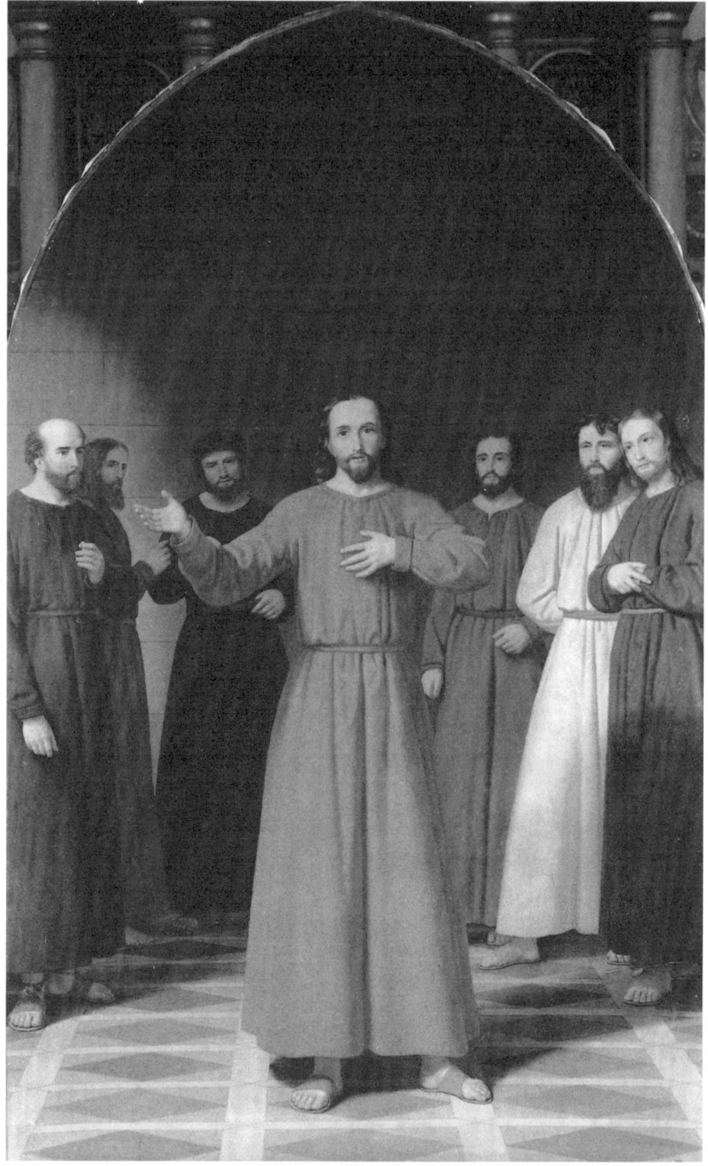

Ill. 2. C.W. Eckersberg: *Christus og de seks apostle.* 1842. Uggeløse Kirke. Ældre fot. i Nationalmuseet.

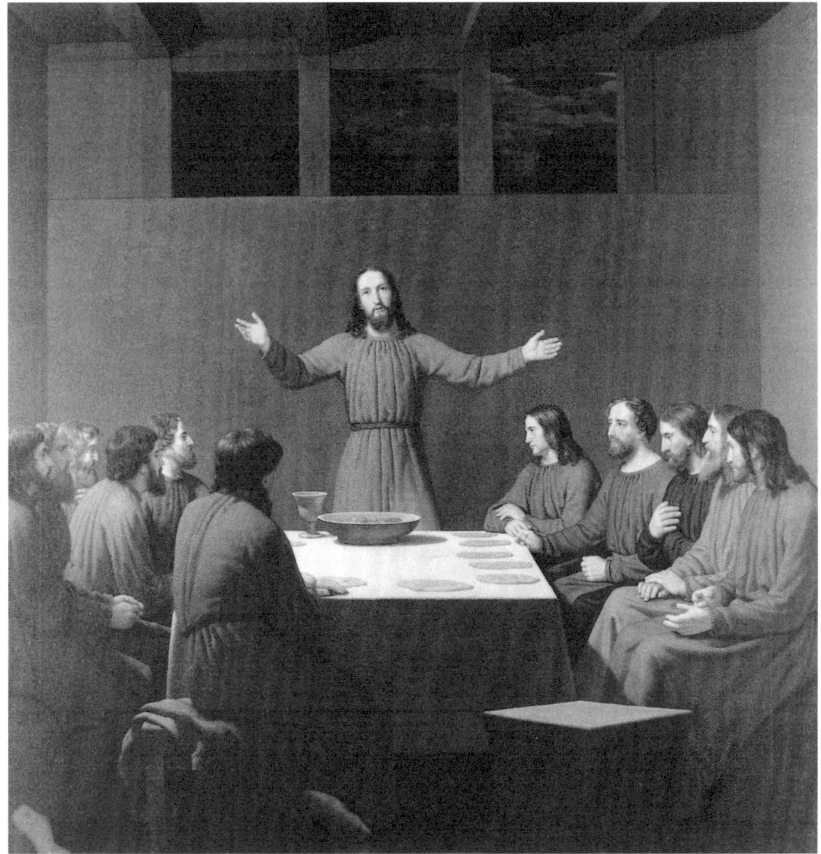

Ill. 3. C.W. Eckersberg: *Nadveren*. 1841. Frederiksberg Kirke. Fot. i Nationalmuseet.

Heinrich Eddeliens *Salvator Christus* fra 1846 (Ishøj Kirke) (ill. 4). Påskriften *Min Fred giver jeg Eder* henviser til Johannes-evangeliets beretning om Jesu åbenbarelse for disciplene og den vantro Thomas: »Jesus kommer, da Dørene vare lukkede, og han stod midt iblandt dem og sagde: »Fred være med eder!«« (Joh. Ev. 20,27).

I disse malerier *er* vi noget i Kristi øjne. Hans blik på os er hverken prøvende eller mønstrende. Det omfatter os, fatter bogstaveligt om os. Kristi direkte blik betyder (os), at hans forhold til os er utvetydigt og uden forbehold.

Det, der – for mig, med Kierkegaard i øjnene – er interessant, er den

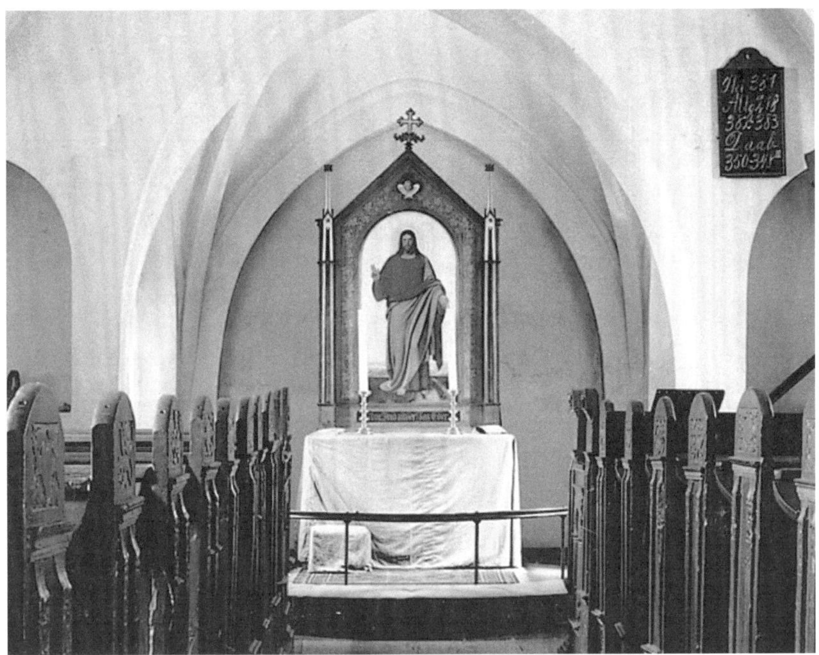

Ill. 4. Heinrich Eddelien: *Christus.* 1846. Ishøj Kirke. Ældre fot. i Nationalmuseet.

måde, kunstnerne i disse fire altertavler har grebet opgaven an på: at stille Kristus frem for menigheden og menigheden frem for Kristus. Det første, der falder én i øjnene, er, at kunstnerne alle som én ikke har villet nøjes med at fremstille den historiske Kristus. De har alle tre, hver på sin måde, bestræbt sig på at aktualisere den historiske figur ved at forsøge at billedliggøre paradokset: Gud-Mennesket. Samtidig ligger tolkningerne i forlængelse af tidens religiøse forståelse, som lægger vægt på Kristi menneskelige, milde natur og den personlige dialog i Gudsforholdet. I *En Huus-Velsignelse*, tegnet i 1852 af Constantin Hansen (ill. 5), optages Kristus i bogstaveligste forstand i familien. Den starter med en anråbelse til »Hjærte-Jesu kjær« om at tage bolig i huset, »Thi hvor du reiser fra, der ingen Lykke er«.[12] Den fysisk mishandlede, ydmygede

[12] Afbildet i Jørn Otto Hansen, Richardt Hansen og Johs. E. Tang Kristensen: *Folkelige Bibelbilleder. Fra det nittende og tyvende århundrede* (Nordjyllands Kunstmuseum/Herning Kunstmuseum 1980), 2.

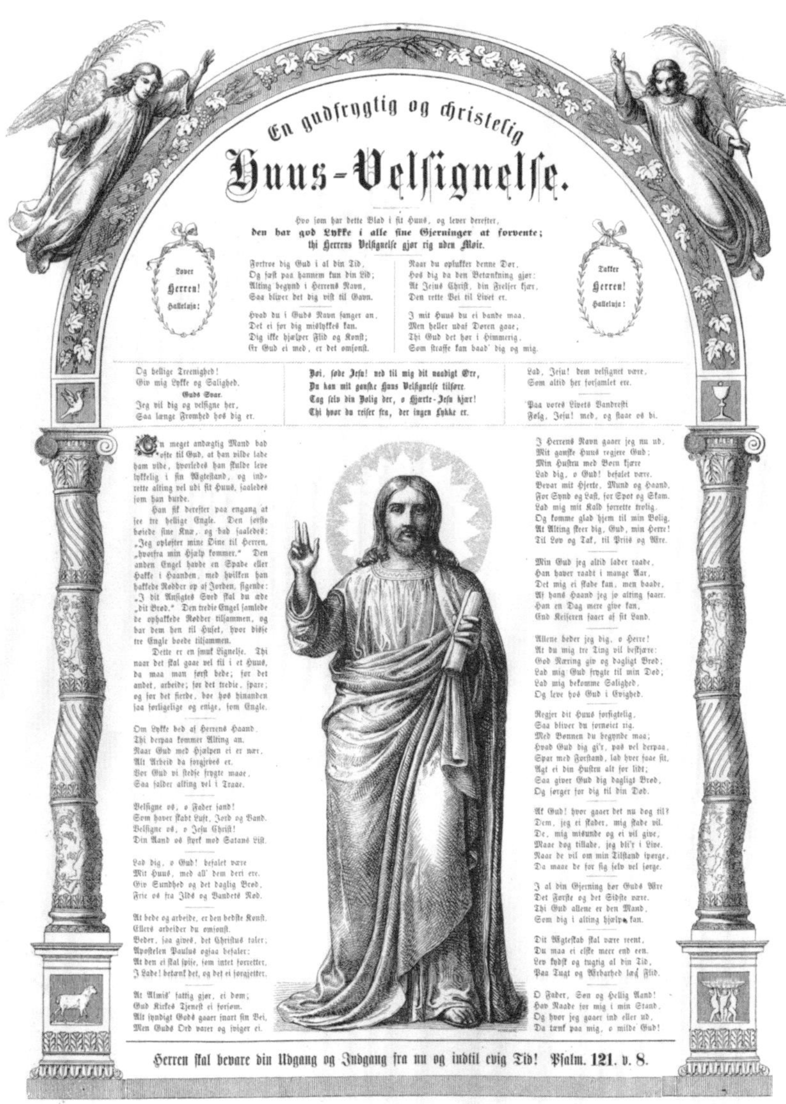

Ill. 5. Constantin Hansen: *En Huus-Velsignelse,* 1852, fra *Folkelige Bibelbilleder* udgivet af Nordjyllands Kunstmuseum (Aalborg 1980).

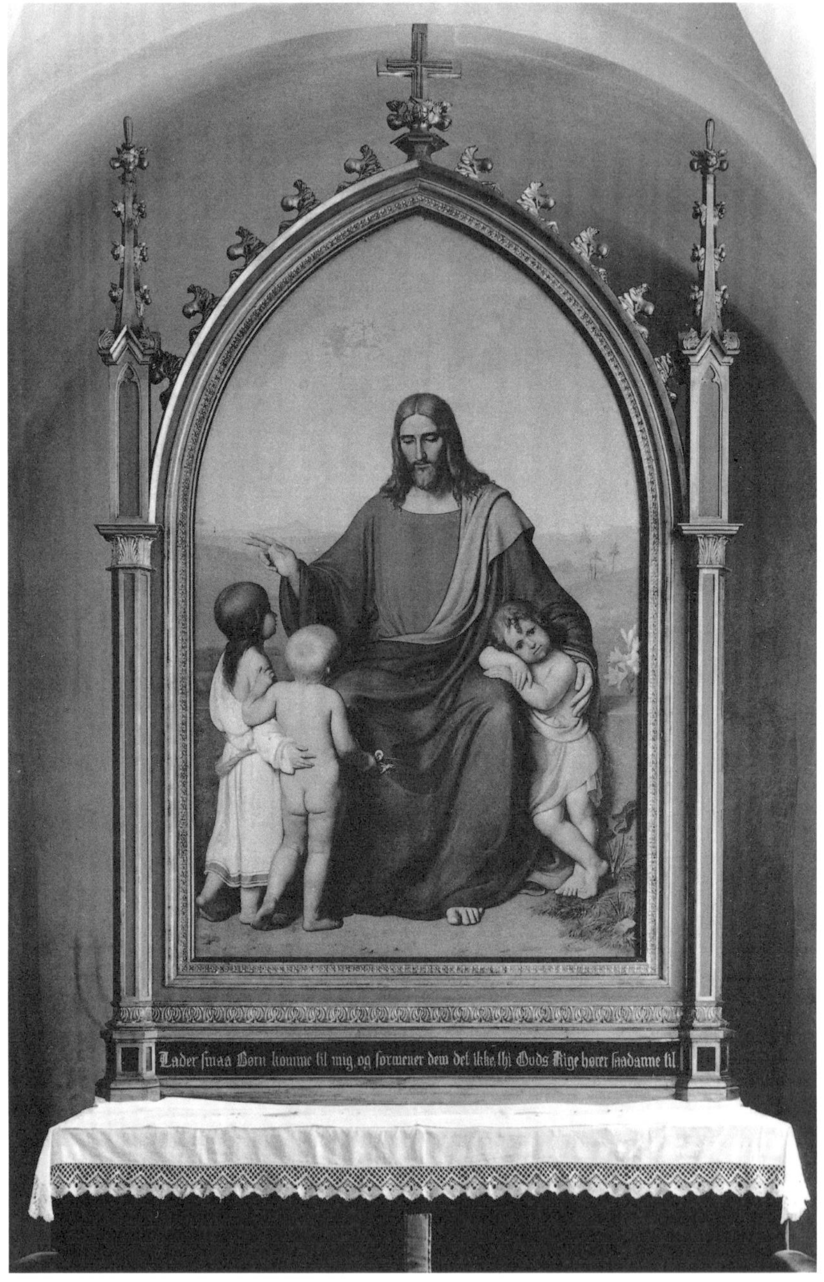

Ill. 6. Heinrich Eddelien: *Kristus velsigner de små børn*. 1843. Mårum Kirke. Ældre fot. i Nationalmuseet.

og lidende Kristus ser vi kun sjældent i 1840ernes maleri, derimod er hyggelige og betryggende skildringer som f.eks. Hans Eddelien: *Kristus velsigner de små børn* fra 1843 *legio* (ill. 6).[13] Jf. også planche IV.

Det ikonofobiske øjeblik

Som billedtegn for det allestedsnærværende er Kristi indhentende blik et grænseoverskridende middel. Vi er ved det kierkegaardske »øjeblik« – eller øjes blik – hvor »Tiden og Evigheden berøre hinanden« (SKS 4:390). Kristi indhentende blik beskriver mødet mellem nærværende og fraværende, tid og evighed netop i det øjeblik, hvor det, tegnet refererer til, tilsyneladende er inden for synsvidde – og dog ikke. Det er dette *tilsyneladende*, denne søgen efter tegnene på nærværet i selve dette fraværende allestedsnærvær, der er altermaleriernes omdrejningspunkt og problem. Gud er usynlig og samtidig allestedsnærværende. Eller rettere, som Kierkegaard formulerer det: han må nødvendigvis være usynlig for at kunne være allestedsnærværende.

Det er klart, at beskrivelsen af Kristi indhentende blik i disse tavler ikke er gjort med en konstatering af, at Kristus ser direkte på os. Blikkets betydning(er) i altermalerierne hænger snævert sammen med den billedkrop, der bærer det, nemlig fremstillingen af Kristusfiguren i øvrigt, udfyldningen af det billedrum, der omgiver ham, afskæring, perspektivkonstruktion og farvevalg. Disse elementer bidrager alle med hver deres lille brik i opbygningen af det handlerum, altertavlerne giver blikket. Lad os derfor prøve at se lidt nærmere på det rum, Kristi blik henter os ind i.

Den nærværende side af paradokset: Gud-Mennesket udfoldes bl.a. i altertavlernes bestræbelser på at gøre os samtidige med Kristus. Både Constantin Hansen og Heinrich Eddelien i Ishøj har gjort Kristus fysisk nærværende ved at rykke ham helt frem i billedplanet. I *Kristus og de seks apostle* er Kristus igen placeret i tavlens forgrund, men nu som den levende menigheds midtpunkt. Kredsen af apostle fortsætter nemlig ud i

---

[13] Et af tidens populæreste motiver (også fordi det var billigt: kun én figur og indpasseligt: motivet kan både trækkes op i det vertikale eller spredes ud i det horisontale) nemlig Kristus i Getsemane, jf. Kjærboe (1975), 156, indgår ganske vist i lidelseshistorien, men vægten ligger på Jesu menneskelige sjælekval og den inderlige samtale med Faderen i bønnens form. Figuren med de himmelvendte øjne henvender sig ikke direkte til os, men i og med blikkets indeksikale henvisning til faderen i himlen bevidner den en samtale, der er indfoldet i et gensidigt blik. Vi deltager ganske vist ikke i samtalen, men den ligger der for os som mulighed.

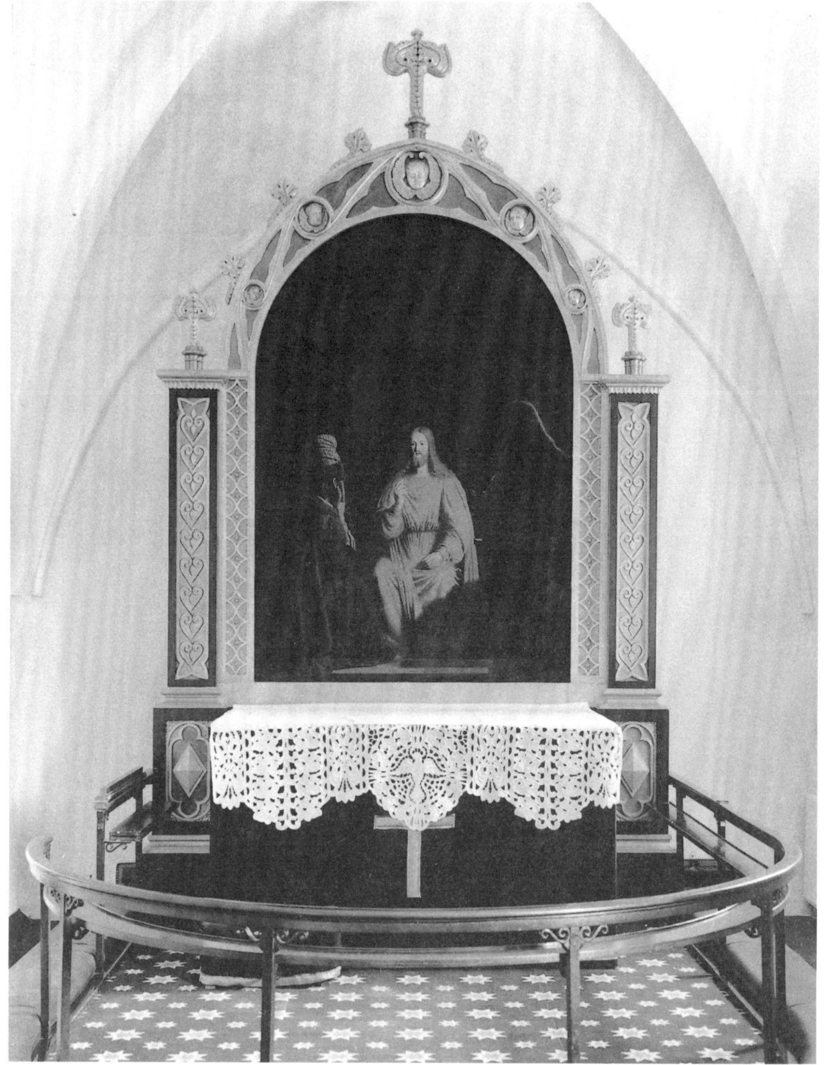

Ill. 7. Christen Købke: *Christus og Nicodemus.* 1837-38. Ramløse Kirke. Ældre fot i Nationalmuseet.

rummet foran billedet, sådan at vi, menigheden, danner den manglende halvcirkel. Gulvets vinkel og afskæring trækker det ud, også under vore fødder, og Kristi blik møder vort i en ret vinkel. Maleriet bringer os både tæt på og på højde med Vor Frelser. Det er i øvrigt det samme inddragende cirkelslag rundt om os, betragterne, eller om dem, der søger Guds ord, Christen Købke arbejder med i sin altertavle *Christus og Nicodemus* fra 1837-38 (ill. 7). Dette: komme til mig! I Eckersbergs *Nadveren* deler »Horizonten – og dermed altså det Gyldne Snit – <...> rummet i en nedre verden, hvor apostlene og Christi krop har hjemme; og en øvre verden, som alene rummer Christi ansigt og Gudslysets tre vinduer«.[14] I den nedre verden sidder disciplene med ryggen eller siden til, så hver og én af os uden at forstyrre kan slutte kredsen og sætte os på Judas' tomme stol. Indfældet i disse dele af billedkroppenes appelstruktur taler Kristi blik, der peger direkte mod dit eget selv, om menneske-lighed, om gensidighedens blik, der svarer og svarer for sig selv, og om den begyndelse, vi selv skal gøre. Set med rumkonstruktionen som sigtelinje udveksles Kristi indhentende blik i disse tavler med vort i et her og nu.

Men dette absolutte nærvær undermineres af fraværstegn, spatieret i historiske, geografiske eller tidslige kategorier, som intet blik kan slå bro over. Kristus iscenesættes i et historisk tilbagelagt (tids)rum: det fremgår i alle tavlerne af hans og disciplenes frisurer og påklædning. Det er ikke Kristus i Uggeløse, Torup, Ishøj eller på Frederiksberg. Både hos Constantin Hansen og Eddelien er Kristus fremstillet i Italien, mens Eckersbergs geografiske rum er sværere at fastlægge. Særligt danske er de i hvert fald ikke. Og billedblikkets forankring i en fysisk tids her og nu brydes af en samtidig meta-fysisk ikke-tid i tavlerne: Constantin Hansens børneven med de italienske børn anno 1840 omflyves f.eks. af evighedens rafaelske engle. Og vel bærer Eddeliens åbenbarede Kristus tidens mærker: naglemærkerne; men han bærer dem ikke i tiden, for de volder ham ingen smerte; mens Eckersberg ved hjælp af Gudslyset, der i *Nadveren* stråler omkring Kristus, selvom natten har sænket sig udenfor, og i *Christus og de seks apostle* rammer ham med projektøragtig styrke, løfter Sønnen ud af timelighedens lys.

Er det 'indhentende' blik, der møder vort øje fra disse malede flader, dét blik, Kierkegaard taler om? Eller sagt på en anden måde: Er filosoffens eksistensteologiske blik og malerens i bogstaveligste forstand billedskabende blik overhovedet i dialog? Kierkegaard bruger jo selv Kristi indhentende blik som et billede *på* den kristne kærlighedsfordring, ikke som et billede *af* den. Det kan ikke andet end vække til eftertanke, at Kierkegaards kunstteologiske tænkning ligger i forlængelse af netop det

---

[14] Fischer (1983/1988), 63.

skriftsted om den vantro Thomas, Heinrich Eddelien øjensynligt uden skrupler brugte som udgangspunkt for sin altertavle. Efter Kristi ord: 'Fred være med eder!' skriver evangelisten Johannes faktisk: »Derefter siger han til Thomas: »Ræk din Finger hid, og se mine Hænder, og ræk din Haand hid, og stik den i min side, og vær ikke vantro, men troende!« Thomas svarede og sagde til ham: »Min Herre og min Gud!« Jesus siger til ham: »*Fordi du har set mig, har du troet; salige ere de, som ikke have set og dog troet*«« (Joh. Ev. 20,27-29, min kursiv). Troen kræver altså ikke synliggørelse (og dermed sanselig forsikring), det gør kun vantroen.

For mig er der ingen tvivl om, hvorfor Kierkegaard er så fascineret af Kristi indhentende blik. Det giver nemlig form til en helt central tanke hos ham: den paradoksfyldte sammenkobling af de 'evige' kristne værdier og den menneskelige eksistens' altid historiske, konkrete og nutidige rum, hvor Guds gerninger afspejler sig i menneskets tidsbundne handlinger. Den kristelige kærlighed er med den kærlige steget »<...> fra Himlen ned til Jorden« (SKS 9:173), altså ned i den timelige virkelighed. Kun igennem historiens *nu* kan vi etablere et slægtskab med det kristne, med den kærlige, med Gud. Kristi indhentende blik er netop et blik, der udfolder sig i tiden. Det kristne grunder altså, ifølge Kierkegaard, i øjets blik, som altid udveksles i timelighedens og sanselighedens øjeblik. Det er selve evigheden, der melder sig i øjeblikket. Og kun Guden kan tildele én øjeblikket, hvor evigheden lukkes ind i livet.

Kierkegaard går videre endnu. Den kristne kærlighedsfordring og dens gensidige blikke kræver et *her og nu* fyldt af samtidighed og nærvær, der unddrager sig historiseringens og institutionaliseringens dræbende effekt. For Kierkegaard er en »historisk Christendom« (det vil sige en samtidig kristendom, der gør sig fortidig ved at skue bagud) det rene »Galimathias« (16:71). »Det Forbigangne er ikke Virkelighed: for mig; kun det Samtidige er Virkelighed for mig. Hvad du lever samtidig med, er Virkelighed: for Dig. Og saaledes kan ethvert Menneske kun blive samtidig: med den Tid, paa hvilken han lever – og saa med Eet til, med Christi Liv paa Jorden, thi Christi Liv paa Jorden, den hellige Historie, staaer ene for sig, udenfor Historien« (16:70-71). Enhver generation må begynde forfra med Kristus (16:108). Derfor nøjes Kierkegaard ikke med at fortælle historien om Jesus af Nazareth, der omkring år 30 vandrede om i Judæa, manden fra Galilæa, der tornekronet og spottet af folkemasserne blev ført gennem Jerusalem ud til Golgatha, hvor han blev korsfæstet. Uden tøven anbringer han tværtimod Kristus lige uden for læserens vinduer, »<...> i Virkeligheden, <...> i Kjøbenhavn, paa Amager-

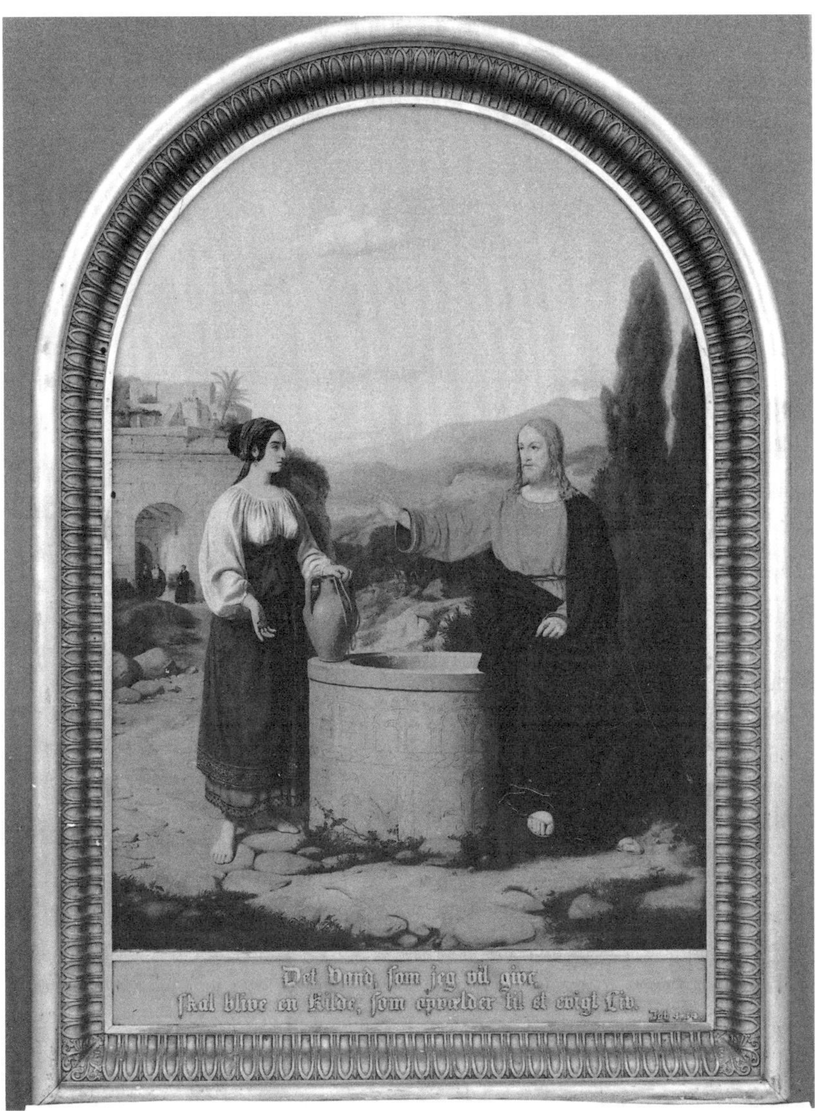

Ill. 8. Jørgen Roed: *Kristus og den samaritanske kvinde.* 1839. Nødebo Kirke. Ældre fot i Nationalmuseet.

torv, midt i det søgne Livs dagligdags Travlhed« (16:66) en dag i 1848. »Thi«, som han skriver, »i Forhold til det Absolute er der kun een Tid: den nærværende; Den som ikke er samtidig med det Absolute, for ham er det slet ikke til. Og da Christus er det Absolute, sees let, at der i Forhold til ham kun er een Situation: Samtidighedens« (16:70). Og så kaster han stridshandsken lige i hovedet på læseren, der ellers troede sig tryg og ansvarsfri i »Dagligstuens betryggende Hyggelighed« (16:226) bag de skærmende gardiner: »Kan du ikke taale Samtidigheden, ikke taale at see dette Syn i Virkeligheden, kunde du ikke gaae ud paa Gaden – og see det er Guden i dette rædsomme Optog <...>: saa er Du ikke *væsentlig* Christen« (16:71).

Så vidt bekræfter disse malerier – ligesom tidens andagtsbilleder i øvrigt, der alle uden undtagelse iklæder Vor Frelser snart lettere, snart solidere historiske gevandter – blot det, Kierkegaard kritiserer: de cementerer den 'historiske kristendom' og er derfor – ifølge Kierkegaard – 'en misforståelse' for troen.[15] Som endnu et eksempel kunne man trække Jørgen Roeds *Kristus og den samaritanske kvinde* (1839) (ill. 8) frem.

For Kierkegaard er det nu heller ikke blot et spørgsmål om den historiske iscenesættelse. Han går anderledes radikalt til værks. For hvordan forholder billedmediet som sådan, altså det frosne billede, man kan hænge på et søm, sig ifølge Kierkegaard til samtidighedens situation? Kristi indhentende blik og det kærlige gensidige blik, der »gør noget ved sig selv«, beskriver jo et præsentisk blik, som udveksles i det øjeblik, hvor »Tiden og Evigheden berøre hinanden« (SKS 4:390). »Det Evige« er »det Nærværende« (SKS 4:389). Men selvom øjeblikket er »fyldt af det evige« (SKS 4:226) unddrager det sig fremstilling. Enhver fiksering af øjeblikket eviggør ganske vist dette; men samtidig ødelægger en sådan fiksering øjeblikket som øjeblik, idet den fikserer det som noget evigt. »Egentlig ligger al Kunst i en dialektisk Selvmodsigelse. Det sande Evige kan hverken males eller tegnes eller hugges i Steen; thi det er Aand. Men det Timelige kan egentlig heller ikke males, tegnes, hugges i Steen, thi naar det saaledes fremstilles, fremstilles det evigt, ethvert Billede udtrykker jo en Fixeren af dette Øieblik« (*Papirer* VIII, 1 A 88, (1847)[16]. J.L. Lunds *Englen*

---

[15] En misforståelse, kunne man lidt fiffigt tilføje, vi kunsthistoriske guldalderforskere - eller lad os mere præcist sige romantikforskere - har fortsat med vores hang til især at undersøge de tavler, der lader sig gribe som historiemaleri.

[16] J.L. Heiberg deler denne vurdering af »hvad Maleriet ikke kan skildre. Dette er nemlig hvad som ifølge sin Natur er transitorisk, hvad som pludselig bryder ud og pludselig forsvinder« (J.L. Heiberg: »Om Malerkunsten i dens Forhold til de andre skjønne Kunster«, in: *Perseus, Journal for den spekulative Idee* 2 (1838), 116). Udgangspunktet for begge er igen G.E. Lessings *Laokoon*, men mens Kierkegaard giver Lessing en eksistensteologisk drejning, tænker Heiberg ham i strikte idealistiske baner.

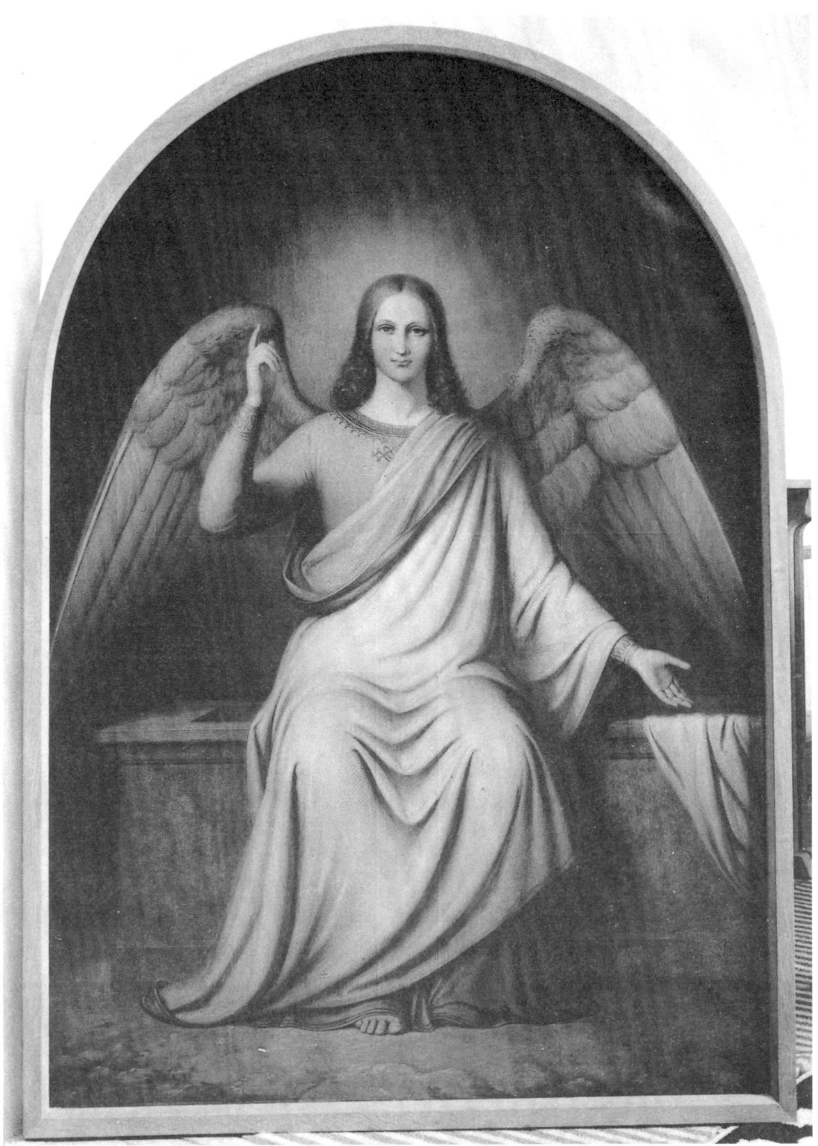

Ill. 9. J.L. Lund: *Englen ved graven.* 1846. Lillerød Kirke. Fot. i Nationalmuseet.

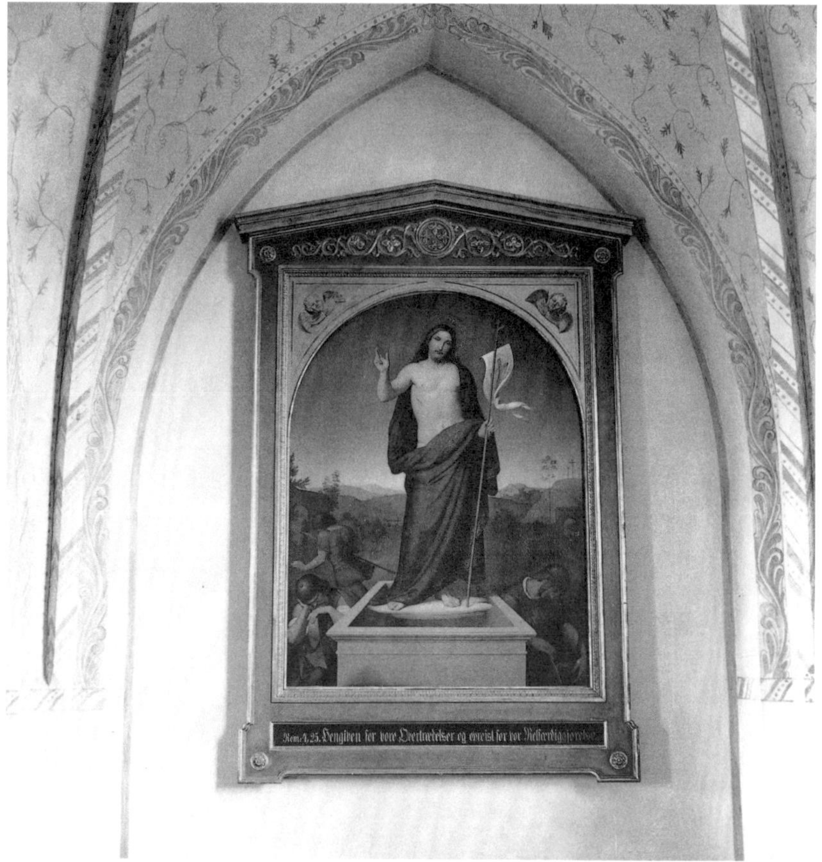

Ill. 10. Albert Küchler: *Kristi opstandelse.* 1848. Ballerup Kirke. Ældre fot. i Nationalmuseet.

ved graven fra 1848 (ill. 9) viser præcist, hvad det er, Kierkegaard vil have fat i, ligesom Albert Küchlers *Kristi opstandelse* (ill. 10) gør det. Englen vil i al evighed blive ved med at pege op og ned, idet den overlader det til vor indre billeddannede fantasi at billedliggøre Kristi bevægede himmelfart, mens Küchlers opstandne Kristus for evigt bliver stående på sin jødekagesky midt mellem himmel og jord. Kristi indhentende blik er så intensivt, at det ikke kan slutte pagt med billedets ekstensive tid.

Bedre bliver det ikke, hvis vi spørger Kierkegaard om, hvordan nærværets præsens forholder sig til billedets repræsentation? Ja, hvis blikket ser et billede af Kristi indhentende blik, ser det jo kun billedet af dét, billedet re-præsenterer, som netop ikke er nærværende, men fraværende.

Sådan er det jo altid med de konkrete billeder. Med Joakim Garffs ord: »Nærværets præsens tabes i billedets repræsentation«.[17]

Ifølge Kierkegaards billedteori modsætter billedet sig altså *per se* en fremstilling af det kierkegaardske øjeblik og dermed også af Kristi indhentende blik. Det øjeblik, maleriet indfanger, er allerede i undfangelsen i det forgangne og det blik, det indrammer, er for evigt frosset og hinsides enhver gensidighed, der jo implicerer forandring. Maleriet er en død flade, der ikke er i stand til at se tilbage med levende, kærlige øjne og selvsagt heller ikke lader sig forandre af de øjne, der møder det. Det eneste, maleriet kan, er at stille sig frem for det sanselige øjes beundrende blik.

At gøre et maleri af den kristne tro

Lad os – inden vi vender tilbage til tavlerne og de tanker, der udfolder sig i og omkring dem – forsøge at få det sidste argument for Kierkegaards påstand i hænde ved at se på, hvad han i opbyggelig sammenhæng mener om det: at betragte. Den mest markante formulering finder vi i *Indøvelse i Christendom*, som er skrevet et år senere end *Kjerlighedens Gjerninger,* men først udkom i 1850. Her beskriver han, hvordan præsterne, med alle deres æstetiserende betragtninger, går scenografisk til værks. Præsternes betragtninger gør troen til noget, vi kan betragte: et maleri. Men ifølge Kierkegaard er betragterposituren at øve vold mod det kristne budskab. Billedet, der – som vi så – altid repræsenterende henviser til noget fraværende, skyder sig nemlig ind som en skærm mellem præst, menighed og det kristne budskabs nærværsbestemmelse: for dig! I *Indøvelse i Christendom* får det følgende formulering: »Den christelige Prædiken er nutildags hovedsageligen blevet »Betragtning«: »lader os i denne Time betragte; jeg indbyder mine Tilhørere til Betragtninger over; Betragtningens Genstand er o.s.v. <...> Prædikeforedraget i vor Tid har først selv reent overseet og derpaa virket til at bringe det ganske i Glemme, at den christelige Sandhed egentligen ikke kan være Gjenstand for »Betragtning«. Thi den christelige Sandhed har, om jeg saa tør sige, selv Øine at see med, ja den er som lutter Øie;« (16:217-18).

---

[17] Det er ikke min idé at tænke Kierkegaards 'øjeblik' i præsentiske kategorier og hans ikonoklasme som et spørgsmål om 'øjeblikkets' nærværende fravær og fraværende nærvær, jf. Joakim Garff: *»Den Søvnløse«. Kierkegaard læst æstetisk/biografisk* (København 1995), 188-193, citatet 192. Det er derimod den kunsthistoriske transplantation af disse kategorier i forhold til figuren: Kristi indhentende blik.

Vi kan give sagen lidt historisk kød og blod ved at erindre om, at en af »fjenderne«, præsten og senere biskop J.P. Mynster, i 1834 udgav *Betragtninger over de christelige Troeslærdomme.* Allerede i 1810 fremhævede han i sine *Bemærkninger om den Konst at prædike*, at præsten, som skal »bevæge uden synderlig Leilighed tiil at virke paa Sandserne«[18], må gøre som (billed)kunstnerne: han må anskuelig-gøre. Senere hedder det bl.a.: »Vil altsaa Prædikanten opnaae sin Hensigt, da maa han forstaae at gjøre Gienstanden anskuelig, og indbyde Enhver at komme og see den, som den er. <...>Thi, som Dydens, efter Plato's bekiendte Ord, saa er alle religiøse Ideers Skiønhed saadan, at dersom de kunde sees af Dødeliges Øine, da vilde de drage Alles Hierter til sig med uforgængelig Kierlighed; og man kan derfor ikke paa bedre Maade fremme deres Herredømme, end ved saavidt muеligt at lade deres Skiønhed sees«. Taleren viser, som Mynster siger det, tingen til samvittigheden, han lægger den »paa Menneskets Hierte«, så det spørger sig: »Er dette ikke anstændigt, godt, saligt?«[19] Men hvor Mynster med denne anskueliggørelse af trosspørgsmålene mener at inderliggøre troen, 'lægge den ved hjertet', så mener Kierkegaard, at sådanne anskueliggørende 'betragtninger' eksternaliserer den i og med at gøre den til et maleri.

Hvad med præsternes eget Gudsforhold? De forbeholder sig i deres forhold til Gud. I virkeligheden gør de som Peter, der fornægtede Kristus. De unddrager sig det indhentende (gensidige) blik og forbliver i tilskuerrollen. Det afslører sig i det, præsten gør med øjets blik: »Nogle betragtninger! Det seer man paa den Talende; hans Blik drager sig ind i Øiet, han ligner ikke saa meget et menneske som en af hine i Steen udhugne Skikkelser, der ikke have Øine.« (16:219-20). Og hvorfor? Fordi han ikke »Er Sand, det er, at han selv er hvad han forkynder, eller dog stræber efter at være det, eller dog er sanddru nok til at tilstaae om sig selv, at han ikke er det <...> (16:219).

Med sine »Betragtninger«, hvor blikket alene hviler på (ord)billedet, skaber præsten altså den samme distance mellem sig selv, det kristne budskab og menigheden som skuespilleren i forhold til sin rolle og sit publikum. Han holder sig personligt udenfor og opdager ikke, at det, han med sit blik beundrer, indeholder en fordring til ham (16:224) om

---

[18] I.P. Mynster: »Bemærkninger om den Konst at prædike (1810)«, optrykt i I.P. Mynster: *Blandede Skrivter* 1 (København 1852), 83-129, citatet 84-85.

[19] Alle citater fra Mynster (1852), 99-101. Jeg takker George Pattison for henvisningen til dette arbejde.

at følge i Kristi »Fodspor« (16:221). Idet han skyder sit eget billede ind foran det, der retteligen burde være for-billedet, tilslører han forskellen mellem »En Beundrer« (16:224), der blot æstetisk kontemplativt betragter, og det at være »En Efterfølger«, der med sit reciprokke blik »stræber efter at *være* Det, han beundrer« (16:224). For billedet, i modsætning til forbilledet, henvender sig alene til blikkets og beundringens interesseløse behag.[20]

Kierkegaard sammenligner da også præsternes »betragtninger« med det: at betragte bl.a. et maleri. Den følgende passage rummer i al sin tvetydighed væsentlige dele af Kierkegaards billedteologi, som selvfølgelig hænger snævert sammen med hans billedteori. Jeg citerer derfor in extenso: »Men at betragte kan i een Forstand betyde at komme ganske nær til Noget, til Det nemlig man vil betragte, i en anden forstand at holde sig meget fjernt, uendelig fjernt, personligt nemlig. Naar man viser En et Maleri og opfordrer ham til at betragte det <...>, da træder han ganske nær til Gjenstanden <...>, kort, han kommer Gjenstanden saa nær som det er muligt; men i en anden Forstand gaaer han just ved denne Bevægelse ganske ud af sig selv, bort fra sig selv, glemmer sig selv, og Intet erindre ham derom, da det jo er ham, der betragter Maleriet <...>, ikke Maleriet <...>, der betragter ham. Dette vil sige, ved at betragte gaaer jeg ind i Gjenstanden (jeg bliver objektiv), men jeg gaaer ud af eller bort fra mig selv (jeg ophører at være subjektiv). <...> Saaledes har Prædikeforedraget <...> afskaffet hvad der christelig er det Afgjørende i Prædikeforedraget, det Personlige, dette »Du og Jeg« <...>, dette at Den, der taler, selv er personligt i Bevægelse, en Stræbende, og ligesaa den Tiltalte <...>, dette at Taleren har bestandigt, ikke at komme bort fra sig selv, men at komme tilbage til sig selv, og at være Tilhøreren behjælpelig, ikke i at komme bort fra sig selv, men i at komme tilbage til sig selv« (16:217-18).

Den kristelige sandhed lader sig ikke fremstille som en »Betragtning«, det være sig som præsternes ordbilleder eller kunstnernes malerier. Både præsternes ordbilleder og kunstnernes malerier forrykker altså det religiøse standpunkt, opfordringen til efterfølgelse, fordi betragterrollen kun ansporer til beundring. Faktisk går Kierkegaard så vidt, at han et sted i

---

[20] Joakim Garff har præcist og med stor effekt (tanken ledes jo straks hen på modfiguren, det kantianske *sublime*, som også tit er oppe at vende i den aktuelle kierkegaardlitteratur, omend Kierkegaard kun et par steder og nærmest i forbifarten henkaster begrebet) flere steder brugt vendingen »interesseløst behag« netop i denne sammenhæng.

Indøvelse i Christendom udnævner tidens kristelige kunst til at være »et nyt Hedenskab« (16:236), som ganske ser bort fra, at Kristus »neppe har ønsket eller ønsker, at en Mand efter hans Død skulde spilde sin Tid, maaskee sin Salighed, paa at male ham« (16:237).

Præsternes i bogstaveligste forstand maleriske betragtninger får jo – som vi så det i det lange citat – både den talende og de tiltalte, præst såvel som menighed, til at 'gå ind i genstanden', hvorved de »bliver objektive«; heraf følger omvendt med logisk konsekvens, at de »går ud af eller bort fra sig selv« og »ophører med at være subjektive«. Men det er jo netop, hvad vi skal blive.

Den brudte dialog

Set med denne Kierkegaard bag øjnene vokser Kristi indhentende blik i Eckersbergs, Eddeliens og Constantin Hansens altertavler frem for vore øjne som ukristelige »Betragtninger«, der forrykker det religiøse standpunkt. Det synes klart, at Kierkegaard mener, at det forholder sig sådan, men det betyder ikke, at han nødvendigvis har ret. Den kristendom, Kierkegaard beskriver med Kristi indhentende (øje)blik, er jo så ekstrem, at ingen kan praktisere den: den enkelte alene for Gud, samtidig med Kristus, korsfæstet med ham, uden kirke, uden gudstjeneste, uden tradition – uden for historien. Ikke engang Kierkegaard selv var, eller mente at være, religiøs i sin egen betydning.

Tidens billedkunstnere er da heller ikke hverken så naive eller så ugudelige, som Kierkegaard gerne vil gøre dem til. I virkeligheden – det er i hvert fald min påstand – formulerer Kierkegaard blot i tilspidset og polemisk form de tanker om det religiøse billede, som gennemsyrer både tavlerne og senguldalderen.

Billedkunstnerne giver ham nemlig ret i, at Kristi indhentende (øje)blik ikke lader sig male. Sagt på en anden måde betyder det, at de ligesom han mener, at 'nærværets præsens tabes i billedets repræsentation'. Ganske vist er det, som vi så, let at få tavlerne til at tale i kierkegaardske kategorier som 'det nærværende', 'det allestedsværende' og dermed også det fraværende. Men selv når kunstnerne aktiverer den menneskelige, nærværende side af paradokset: Gud-Mennesket, forsøger de ikke at male Den Allestedsnærværende, 'modsigelsens tegn', sådan som vi hørte Kierkegaard påstå det i *Dømmer Selv!* Det ved de godt, at de ikke kan. De behøver altså ikke at frygte for deres salighed, sådan som Kierkegaard antyder det i *Indøvelse i Christendom*.

Hør engang, hvad Constantin Hansen skriver i et udkast til et foredrag med titlen *Forholdet mellem Tro og Kunst*: »Grækerne delte den ene Gud i mange Guder, hvoraf Hver kun fremstillede en Deel af det guddommelige Væsen. Derfor kunne det lykkes Kunsten at afbilde dem. Men Nutidens Kunst maae gaae til Værks paa lignende Maade, lægge hele sin Kraft paa en enkelt Side af det Guddommelige: *Høihed under Lidelsen, Barmhjertigheden, Mildheden, Uskyldigheden*, o.s.v., den Side, som især fremtræder ved den givne Situation og saaledes vækker Tilskuerens Fantasi til Selvvirksomhed, eller Kunsten maae anvende det symbolske, som f.eks. Tilføjelse af Glorie, Vinger, den hellige Aand i Duens Skikkelse m.m., thi den kan ikke portraitere Gud selv, ikke i eet Billede sammenfatte hele den uendelige Guddomsfylde – Dette maae være forbeholdt en forklaret Kunst i et forklaret Liv, og jeg kan da heller ikke tænke mig nogen mere passende Beskæftigelse for de salige i Paradiis end den at male.«[21] Det afgørende for Constantin Hansen og for hans vurdering af den samtidige religiøse billedkunsts virkemidler og grænser er altså, at kristendommen er en monoteistisk religion med en almægtig, alvidende, allestedsnærværende (og derfor intetstedsværende) Gud. Denne Gud sprænger de mimetiske billedrammer, Hansen (og for den sags skyld Kierkegaard) havde mulighed for at forestille sig.

Der er to ting, vi især skal bide mærke i i citatet. Den ene er, at Constantin Hansen siger, at det er umuligt at male et billede *af* den guddommelige – lad os bare i denne sammenhæng sige: af Kristi indhentende blik. Derimod mener han, at det er muligt at male et billede *på* det guddommelige.

Det lyder jo ganske Kierkegaardsk. Billedet kan ikke fremstille eller gengive (os) Kristi indhentende blik, men det kan (som Kierkegaards egen sproglige kunst) om-skrive det. Kunstnerne har altså ganske givet øje for de problemer, Kierkegaard taler om, når han kredser om, hvad det religiøse maleri *ikke* kan.

Derimod er andagtsbilledernes malere af indlysende grunde dybt uenige med Kierkegaard, når det kommer til hans diagnosticering af 'betragtningen', betragteren, det billedskabende blik og af maleriet som en instans, der rykker troens spørgsmål ud af og bort fra 'den Enkelte' og gør den til noget rent ydre. I dette lader filosoffens og malernes blikke sig ikke bringe på niveau. Men som vi skal se om lidt, har Kierkegaard også svært ved at stå ved sine ord.

---

[21] Citeret efter Kjærboe (1975), 156-57.

Den anden ting, vi skal lægge mærke til, er nemlig, at kirkelig kunst ifølge Constantin Hansen først og fremmest skal styrke den religiøse selvvirksomhed. Han giver udtryk for det samme i *De »Skjönne Kunsters« Enhed* (1863), hvor han ser billedkunstens forhold til religionen som et spørgsmål om at »vække <...> til Selvvirksomhed«. Når religionen tager kunsten i sin tjeneste, er det »som Indledning til det Hellige; men dersom Nogen bliver staaende ved denne Indledning, som var den det Hellige selv, da er Kunsten ikke skyld deri; <...> Kunsten har aldeles Intet at gjøre med Troen.«[22]

Det, der især optager kunstnerne, er selvfølgelig, hvad billedet *kan* gøre for betragteren i forhold til troen, nemlig vække til selvvirksomhedens: for dig! Den opgave, de sætter sig for at løse, ligger da også snarere i forlængelse af et konkurrerende spor i den kierkegaardske kunstteologi – eller, lad os være så fri: en åbning i filosoffens eksistensteologiske blik.

For selvom Kierkegaard lægger et skarpt snit mellem Kristusfremstillingens æstetiske mimesis og *imitatio Christi*, forfølger han et andet sted i *Indøvelse i Christendom* (16:168-86) den malede korsfæstelsesscenes didaktiske værdi som *demonstratio ad oculum*. Her fortæller han historien om hvordan et barn, der bliver præsenteret for et billede af den korsfæstede Frelser (16:168-69), bliver afgørende præget af oplevelsen. Ganske vist mangler »det Billede, som Indbildningskraften frembringer <...> Noget: Virkelighedens Lidelse eller Lidelsens Virkelighed« (16:179), men alligevel får korsfæstelsesfremstillingen en både dannende og omdannende betydning for barnet og dets (religiøse) voksenliv. Det slipper aldrig billedet, men lever både *som* det, *i* det og *med* det. Det væsentlige er, at barnet som voksen ser billedet for »anden Gang« (16:172), nemlig i sin egen aktive ind-bildning (16:178). Billedet, som barnet første gang så øjensynligt tilfældigt stukket ind blandt en mængde krambodsbilleder med fnysende gangere, vejende fjer, kejsere og flotte jægere (16:168), slår rod i dets fantasi og vokser sig, ligesom barnet, stort og handlekraftigt i nye billeder, nye forestillinger. »Saaledes *kan* Synet af denne Fornedrelse bevæge, kan det ikke ogsaa bevæge Dig saaledes?« (16:171-72).

Det er en passage, man kan tolke på mange måder. Jeg vælger at se den

---

[22] Constantin Hansen: *De »Skjønne Kunsters« Enhed* (København 1863), 7 og 9. Skriftet var et svar på hegelianeren Lorenz Dietrichson: *Den bildende Kunst i dens historiske Forhold til Religionsformerne* (Christiania 1862).

som et udtryk for, at Kierkegaard ikke har noget imod fantasien og dens billeder som sådan. Jeg vil altså hævde, at hans kritik alene retter sig mod den måde, den billedskabende fantasi bliver brugt på i tidens blik – f.eks. af menigheden, når den »betragter« kunstnernes Kristusfremstillinger. David J. Gouwens har meget overbevisende argumenteret for, at Kierkegaard indskriver sin snart totalt afvisende, men alligevel altid grundlæggende positive opfattelse af fantasien i et koordinatsystem, hvis ene akse er et »hvad«, mens den anden er et »hvordan«. Med Gouwens ord i en meget fri oversættelse: »For ret at forstå fantasien må vi ikke alene forholde os til, »hvad« den enkelte forestiller sig men også til, »hvordan« en person gør sig sine forestillinger. F.eks. forholder det etiske individ og æstetikeren sig forskelligt til de idealer, de forestiller sig i fantasien. På samme måde beror forskellen mellem en æstetiseret måde at være kristen på, og en etisk-religiøs eksistens, i dette »hvordan«. Kierkegaards anliggende gennemføres med konsekvens: det handler om hvordan fantasien *bruges*, om fantasiens »hvordan« og »til hvad«.«[23]

Kierkegaards angreb på den religiøse kunst går for mig at se ikke ud på at fornægte den, men på at give den en ny, passende status – helt i forlængelse af den gamle billedstrid siden Platon. Kierkegaard vil, én gang for alle og med eftertryk, slå fast, at et billede, og herunder ikke mindst det religiøse, ikke præsen(s)-terer eller inkarnerer noget som helst. Det betegner kun, forstået på den måde, at det henviser til en figur, der ikke selv er nærværende i tegnet. Det lyder mærkeligt for os, at det skulle være nødvendigt, men sådanne forestillinger havde man rent faktisk, når man i tiden idealistisk talte om maleriets symbolske kraft. For Kierkegaard er maleriet blot en ydre skal uden kerne (bl.a. derfor er den 'døde', blod- og selvsagt også lidenskabsløse maleriske flade for ham så godt et

---

[23] David J. Gouwens: *Kierkegaard's Dialectic of the Imagination* (N.Y./Paris 1988), 278 og 280.: »<...> to understand the imagination, we must attend not only to »what« one imagines, but »how« a person imagines. For example, the ethical person's imagination differs from the aesthete's imagination in how one relates to the imagined ideal. So too, the difference between any form of aestheticized Christianity <...> and ethico-religious existence is in the »how«. <...> From first to last Kierkegaard's concern is consistent; the *uses* of the imagination, the »how« of the imagination as well as the »what««. Gouwens synspunkt (anvendt på konkretbilledet sådan, som jeg gør det) er usædvanligt inden for den teologiske Kierkegaard-forskning, men ikke inden for hverken den filosofiske, litterære eller psykologiske Kierkegaard-reception. Jeg nøjes med at nævne Kresten Nordentoft: *Kierkegaards psykologi* (1972) (København 1995), f.eks. 249-257.

billede på tidens overfladiske omgang med troen), en allegori, som kun kan henvise til og nære sig ved sin ydre form, ikke ved sit »indhold«.[24]

Lad os forskyde synspunktet og vende vort øje mod en bredere og fladere horisont: nemlig debatten om Kristusfremstillingen i den kirkelige kunst i tidens kunstkritik. Her kan vi uden for Kierkegaards eget fiktive univers følge, hvad det er for en synspraksis, han kritiserer.

Også her støder vi – omend selvfølgelig i en stærkt svækket udgave – på dét tema, Kierkegaard anslår med Kristi indhentende, præsentiske (øje)blik: at mødet med Guden sker i et *her* og i et *nu*. Problemerne med at billedsætte dette *her og nu* går selvfølgelig heller ikke sporløst hen over kunstkritikken. Det viser diskussionen for – og især imod – den historiske fremstilling af Kristus, som jo er allestedsnærværende og derfor både i og uden for tiden. Men det, der især interesserer de professionelle betragtere, kunstkritikerne, er betragteren/dem selv og billedbetragtningens rolle i forhold til den begyndelse, vi/de selv skal gøre i troen. De skriver jo i virkeligheden om det, der sker i dem selv, når de står foran billederne.

Både kunsthistorikeren N.L. Høyen og J.L. Heiberg føler sig foranlediget til at fremkomme med nogle principielle bemærkninger vedrørende tidens Kristusfremstilling i forbindelse med deres kritiske omtaler af C.W. Eckersbergs altertavle *Jesus og den samaritanske kvinde ved brønden*, som blev udstillet 1838. Høyens fordring til »et kirkeligt Billede« viser sig at være, at det enten ganske bogstaveligt eller formidlet gennem identifikation med en af billedets aktører stiller os »lige over for Christus«, og at det ikke bevæger sig »i en blot historisk Sfære«[25], der jo alene lader den fraværende side af paradokset: Gud-Mennesket, komme frem på billedfladen. Som god protestant har han selvfølgelig også helt rede på forskellen mellem at virkelig-gøre og at betegne. Derfor er dét »vor Tid føler Trang til, <...> mere den ædle Form og Følelse i Fremstillingen end selve det sandselige Billede af den hellige Gjenstand«,[26] som han siger i 1853 i et foredrag om kirkelig kunst. Men hvor Kierkegaard kun ind-

---

[24] Om forudsætningerne for Kierkegaards måde at tænke de til næsten enhver tid svært diffuse begreber symbol og allegori jf. bl.a. K.W.F. Solger: *Vorlesungen über Ästhetik* (Leipzig 1829 / Darmstadt 1973).

[25] N.L. Høyen: »Udsigt over det Mærkeligste paa Konstudstillingen 1838«, in: J.L. Ussing (udg.): *Niels Laurits Høyens Skrifter* 1 (København 1871), 105.

[26] N.L. Høyen: »Om kirkelig Konst« (1853), in: J.L. Ussing (udg.): *Niels Laurits Høyens Skrifter* 2 (København 1874), 27.

rømmer det religiøse billede en plads som synet af Kristi fornedrelse og lidelse, der brænder sig fast på nethinden og holder Kristi sår åbne i os for livet, så taler Høyen i forbindelse med den »æsthetisk-religiøse Fornemmelse« om øjets trang til »med den Frihed, som gjør det til en Nydelse« at »samle og vederkvæge sig ved Betragtningen af Billeder, der give Blikket en stadigere Retning, Tanken et tryggere Hvilested«.[27] Den frihed, Høyen taler om, er med andre ord blikkets interesseløse behag.

J.L. Heiberg, til gengæld, har to meget konkrete forslag til kunstnerne, som skal forhindre »at det religiøse Stof neddroges til en blot historisk, realistisk Fremstilling«. Enten at gøre som »den berømte italienske Skole fremstillede Christus og hans Omgivelser <...>, hvor det Guddommelige <...> var concentreret i synlige Momenter, for hvilke Sproget ikke har Ord, og som just derfor ere ligesom rykkede ud af Tiden og hvilende i Evigheden.« Et af hans eksempler er »visse bekjendte og tidt benyttede Scener af Jesu Lidelseshistorie«, hvor »et Blik, en Mine, en Stilling, der langt fra at fordre Ordet til Supplement, tvertimod udtrykker hvad der er uopnaaeligt for dette«. Eller at lade »Allegorien, rigtig forstaaet, aabne Banen«.[28]

Også Heiberg overlader billedet til betragteren og hans velbefindende, det være sig når han taler om Kristusfremstillingen, der er »rykket ud af tiden og hviler i evigheden«, eller om Kristi blik, der udtrykker »det uopnåelige«, eller når han peger på den efemere allegorik, som når den taler om en ting, forklæder den som noget andet. Desværre er Heibergs brug af både allegori- og symbolbegreberne ikke særligt éntydig i *Om Malerkunsten i dens Forhold til de andre skjønne Kunster*, hvor omtalen af den eckersbergske altertavle kan læses. Alligevel kan jeg ikke lade være med at henvise til en af de allegoriske løsninger, Heiberg efter mit bedste skøn anså for at være »rigtig forstået«: et blomstermaleri med kors, nemlig Lucie Ingemanns *Et kors stående i en klippeegn. Om korset vokser blomster* (udstillet 1824).[29]

Forskellen mellem den kierkegaardske fordring om at tage ansvaret for Kristi Korsfæstelse på sig og handle derefter i blikket, og Høyen og Heiberg, der stillet foran maleriet føler ansvarsfriheden i blikket og lader sig

---

[27] Høyen (1874), 27.

[28] Heiberg (1838).

[29] Om Heibergs forhold til dette maleri jf. Ragni Linnet: »Kroppens og sjælens gevandter. Om det interessante«, in: Lene Bøgh Rønberg, Kasper Monrad og Ragni Linnet: *I lyset af Holland* (København 2001), 153.

vederkvæge af langt mildere, mindre påtrængende scener, kunne næppe være større.

Så vidt er det altså ikke svært at puste liv i Kierkegaards fiktive betragter eller at give ham kød og blod og et navn i historien. Mellem denne betragter og Kierkegaards fordring om at se anderledes kan ingen dialog slå bro: Kunsten og kunst-synet stiller sig imellem.

Skjulthedens æstetik

Tilbage står Kierkegaards eget alternativ til alt dette, som jeg vil kalde: skjulthedens æstetik, selvom den ikke skjuler sig mere end, at den lader os ane nogle omrids. Kierkegaard hævder ganske vist, at hvis »Christus [er, min tilføjelse] sand Gud, saa maa han ogsaa være i Ukjendeligheden, iført Ukjendeligheden« (16:132). Dette er for Kierkegaard en »Nægtelse af al Ligefremhed« (ibid.), ikke mindst den ligefremhed som tidens betragtere søger med deres beundrende, 'afgudsskabende' blik på tidens kristusfremstillinger. Et sandt Gudsforhold, derimod, forudsætter et rent brud med enhver umiddelbarhed og i sidste instans med det synlige.

Men det er, som vi allerede har været inde på, et særligt brud, der er tale om, nemlig *inderlighedens* brud. I inderlighedens selvvirksomhed, hvor den enkelte altid selv er på vej, bliver vi i stand til at se Guds usynlige billede for vort indre øje. Ja, i fantasien, den evne som Kierkegaard i *Sygdommen til Døden* (1849) beskriver som evnen for alle evner (15:88), udfoldes Kierkegaards fordring om at se anderledes. Så vidt bekræfter Kierkegaards eget projekt min tese om, at det for ham ikke er den billedskabende fantasi og det billedskabende blik som sådan, der er noget galt med, men måden de bliver brugt på. For hvad er Kierkegaards egne (skrift)billeder, f.eks. dét af Kristi indhentende blik, hvis ikke kristen (billed)kunst?

Rituelt drama i Filippinerne
Underholdning eller bodshandling?

Søren Bonde

Indledning
Det var en spansk ekspedition under ledelse af Ferdinand Magellanes, som i 1521 bragte katolicismen til Filippinerne. Efterfølgende ekspeditioner førte til missionsvirksomhed og evangelisering, og bl.a. det rituelle drama eller *sinakulo* med dets levende visualisering af Bibelen blev et vigtigt element i den kristne didaktik. *Sinakulo* stammer fra spansk, *cenáculo*, og refererer til *Den Sidste Nadver.* Det blev indført i Filippinerne formodentlig omkring år 1700 og kan opleves hvert år til påske i mange forskellige afskygninger. Sinakuloerne i dag er generelt meget anderledes end det middelalderlige drama, hvorfra de stammer. De er religiøst funderet, men hvor nogle er forholdsvist »traditionelle«, er andre teknologisk avancerede og andre igen politiske parafraser.

I foråret 2001 tilbragte jeg tre måneder i Filippinerne. Formålet var at opleve det rituelle påskedrama som den levende tradition, det stadig er. Med udgangspunkt i Filippinerne ville jeg undersøge, hvilke implikationer det havde haft at indføre en europæisk middelaldertradition til en fremmed kultur uden for Europa. Jeg fokuserede på følgende aspekter: oprindelse og tradition, dramaets æstetiske og religiøse værdi for deltagerne og for samfundet samt musikkens rolle deri. Som feltområde havde jeg udset mig den lille ø, Marinduque, der ligger midt i landet. Efter ankomsten til Marinduque og overværelse af første prøve på dramaet blev jeg imidlertid tvunget til at ændre mit udgangspunkt. To forhold kom helt bag på mig: 1) Kirken var *ikke* ansvarlig for sinakuloet, som var iværksat af guvernøren og en »teatergruppe«, og 2) musikken spillede ganske vist en betydelig rolle, men var hverken »live« eller »traditionel« og havde aldrig været det. Der var i stedet tale om et *lydspor* med klare reminiscenser fra ældre Hollywood-filmmusik.

På Marinduque blev sinakuloet indført så sent som 1978, og det forener gamle, kristne værdier med en tiltagende »amerikanisering«. Dramaet akkompagneres af et lydspor, hvori filmmusik blandes med præ-komponeret klassisk musik og lydeffekter. Også sproget og virkemidlerne såvel som det religiøse budskab og den sociale ramme er forandret; kristne og sociale værdier står tilbage, men i ny skikkelse påvirket af en globalisering, som forandrer den filippinske identitet. Sociale forhold, kirke/stat-skisma, religion, tradition og kommercialisme er alle elementer, som er essentielle for forståelsen af sinakuloet og den filippinske kultur, som det rituelle drama oversættes til. Dette kommer særlig til udtryk i sinakuloets musik, som er af største betydning for forståelsen af sinakuloets funktion.

Med udgangspunkt i Marinduque vil jeg vise, hvordan det rituelle drama kan opfattes som hhv. bodshandling eller folkelig underholdning ved gennem sine *rituelle egenskaber* at tilfredsstille forskellige behov; det rituelle drama kommer til at fungere som et medium til at udleve forandrede, kulturelle identiteter.

Opsætning

Sinakuloet foregår udendørs på scener omkring en hævet cementplatform, som i påsken fungerer som ståpladser for tilskuere, men som resten af året tjener andre formål. Platformen er ca. 80 x 60 m. og omgivet af et sceneområde, som ligger godt halvanden meter højere end platformen. Dertil kommer en kunstig høj på 5-6 m. Ved platformens ene ende er et kontroltårn, hvorfra instruktøren dirigerer lyd og lys under forestillingen. Ved den anden ende er rejst et »græsk tempel« (hovedscene), som er omkring 10 m højt. Både kontroltårn og tempel er permanente bygninger. De to langsider afgrænses af hhv. siddepladser for tilskuere og af mindre sceneområder med kulisser og rekvisitter (ill. 1).

Oprindeligt foregik sinakuloet om formiddagen, men blev siden flyttet til ca. kl. 20-23 for at undgå den brændende middagssol og efterkomme gejstlighedens ønsker om færre sammenfald med kirketjenesterne. Man kan forestille sig, at det har passet arrangørerne fint, fordi det nødvendiggjorde brugen af projektører, som forstærker dramatikken. Gejstligheden har siden måttet affinde sig med, at sinakuloet er blevet yderligere dramatiseret, og projektører spiller i dag en central rolle. Sinakuloet bliver en ganske anden oplevelse, end hvis forestillingen foregik ved højlys dag. Handlingen udspilles på skiftende sceneområder, og projektørerne bliver direkte bestemmende for, hvad som skal åbenbares for publikum og hvornår. Samtidig holdes andre områder i mørke, hvorved kulis-

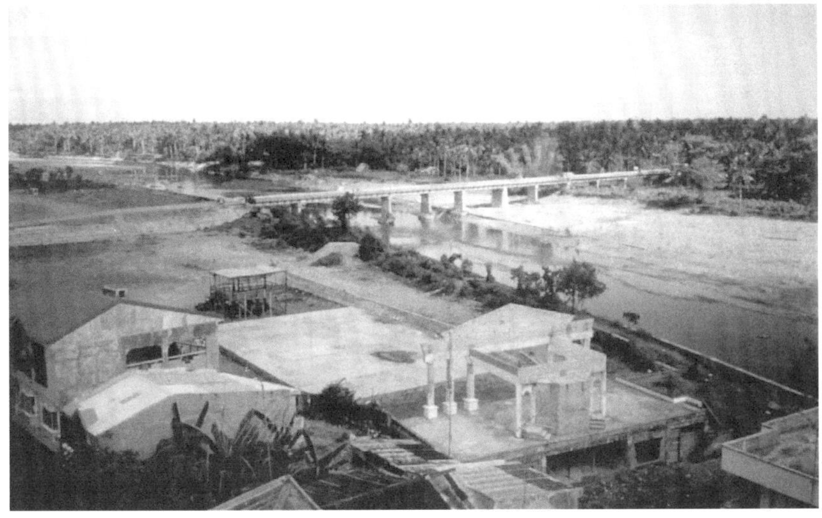

Ill. 1. Scenen set bagfra og oppefra. Katedralen i Boac med floden i baggrunden. Fot. forfatteren 2001.

ser ubemærket kan køres i stilling og aktører skifte position. Det får samme virkning, som når der i en film klippes fra en scene til en anden, og det er en effektiv måde at hjælpe publikum gennem handlingen på. Derudover bruges projektørerne effektfuldt til at illustrere tordenvejr (blinkende blåt og hvidt lys) eller månelys (lyskegle med gul eller blå kerne og hvidt omrids) eller »ondskab« (rødt lys om Kain og Djævelen).

Sinakuloets lydside er fuldstændigt domineret af lydsporet og ikke kun i den voluminøse forstand, men også fordi lydsporet helt og holdent styrer sinakuloets forløb: kassettebåndet kører, og instruktører, aktører og lysfolk følger trop. Det er professionelt produceret af en TV-station i Manila, og rollerne er indtalt af skuespillere (»voice-actors«) efter inspiration fra spanske og amerikanske lydspor til sæbe-operaer, som synkroniseres til det filippinske nationalsprog, tagalog. Bortset fra en »live« præsentation af aktørerne udgør lydsporet hele sinakuloets lydside og rummer både dialog, musik og effekter. Det er opdelt i akter og afbrydes derudover kun ved båndsideskift. Lyden forstærkes gennem et højttaleranlæg, som er placeret i kontroltårnet og overdøver støjen fra publikum.

Sinakuloet er opdelt i tre akter, som er fordelt over onsdag, torsdag og lørdag i påskeugen. Langfredag morgen kan man desuden følge *Via Crucis*, som her medregnes til sinakuloet, fordi korsvejen tager udgangspunkt og videreføres direkte i sinakuloets handling. Første akt begynder med centrale fortællinger fra GT og illustrerer dernæst begivenhederne op til og omkring Jesu fødsel og barndom. Anden akt fortsætter hvor første akt slap, og vi følger Jesu liv fra dåb til dødsdom. Langfredag illustrerer den pinefulde vandring til Golgatha, og til slut fokuserer tredje akt på Jesu død og opstandelse og fortæller samtidig historien om den romerske centurion Longinus og hans moralske kvaler og omvendelse til kristendommen. Hver akt indledes med den filippinske nationalsang, *Lupang Hinirang*, så snart alle aktører har indfundet sig på hovedscenen.

Musik og lyd

Lydsporet kan beskrives som et »flerlags musikalsk patch-work«, der består dels af Elmer Bernsteins musik til filmen *The Ten Commandments* (1956), dels af en anden større komposition, som jeg ikke har kunnet identificere, dels af musikalske fragmenter og dels af dialog og effekter. Dertil kommer nationalsangen, som er indspillet på et separat bånd og indleder hver akt. Mens Bernsteins musik lyder romantisk og storladent, er det uidentificerede værk kendetegnet ved at være meget skiftende og modernistisk i karakteren; nogle steder er det tonalt, mens det andre steder er meget abrupt og dissonerende. Herudover høres to forskellige korsekvenser: et »ahh«-kor og et »Halleluja«-kor. Det hele er komponeret sammen til et pluralistisk værk.

Jeg kaster mig ikke ud i at transskribere lydsporet i dets fulde længde. Dels varer det i mere end syv timer, dels er lydbilledet meget komplekst og med mange specialeffekter, og lydkvaliteten på et par af båndene er ringe, og dels ville en sådan tilgang ikke klargøre mine analytiske pointer, men snarere sløre dem og trætte læseren. Formålet med den musikalske analyse er at tolke på selve lydsiden (ikke udelukkende musikken) i forbindelse med sinakuloet, hvor den bliver meningsdannende, på samme måde som et lydspor til en film bidrager til tolkningen af filmen. Eftersom lydsporet overvejende er bygget op omkring lånt filmmusik og -lyd, er det oplagt at sammenligne lydsporet med filmmediet fra den periode, som den lånte filmlyd stammer fra, dvs. den klassisk fortællende film fra ca. 1930-60.

Det skal understreges, at analysen bygger på min musiketnologiske erfaring, dvs. sinakuloet tolkes ud fra et vestligt begrebsapparat og søges sat i et globalt perspektiv til slut. Selve oplevelsen kan ikke overdrages, og den er grundlaget for mine personlige tolkninger af lydens virkning og formodede ledemotiver. Analysen sætter lydsporet som omdrejningspunkt i et kulturelt skisma, som diskuteres nedenfor. Den skal kaste lys over lydsporets virkning og konsekvenser for divergerende opfattelser af sinakuloet som kulturelt fænomen på Marinduque.

Auditiv analyse

Det er slående, som sinakuloet ligner 1930-50'ernes klassiske filmfortælling. Det siger først og fremmest noget om, hvor godt et tag den amerikanske kultur har i Filippinerne, at inspirationen er hentet fra Hollywood. Dernæst antyder det også, at sinakulo på Marinduque ikke udelukkende er skabt for det religiøse marked, og dette er en pointe, jeg vil vende tilbage til senere. Men sinakulo er ikke film, og på trods af de mange ligheder, er der også mange forskelle, og det er denne forunderlige blanding, som er mest interessant i den etnologiske sammenhæng.

Sinakuloets enkelte akter har, hvad man kan kalde et lineært eller horisontalt handlingsforløb, hvor sammenhængen udtrykkes i »billedudsnit« (scenernes afgrænsninger) og »klipning« (dvs. tænding/slukning af projektører og sceneskift). Dette afspejles i lyden; den er afhængig af billedet og formidler og forklarer dette. Den er ikke selvstændig eller selvrefleksiv, men er bundet til sin kilde (person, instrument m.m.) i handlingen. Sagt på en anden måde er lyd og handling i sinakuloet nøje tilpasset hinanden. Der gøres ingen forsøg på at vildlede tilskueren for at opbygge en spænding, men alt følger en fremadrettet handlingslogik i tid og rum, som er umiddelbart forståelig. Lyd, lys, rum og tid opfattes som parametre, der fungerer som redskaber for fortællingen frem for at blive udforsket i sig selv. Årsagen til denne fremstilling af Bibelen synes at findes i sinakuloets evangeliserende hensigt; det er ikke meningen, at den enkelte tilskuer skal danne sig en subjektiv forståelse af sinakuloet, men at *alle* tilskuere skal forlade sinakuloet med for så vidt muligt det samme indtryk af Bibelen. Sinakuloet skal altså ikke fremstå som diskurs, men som historisk og religiøst faktum. Denne problemstilling er analog til filmen og er den klassiske realismes kendemærke. Netop den kirkehistoriske forklædning er uhyre vigtig for sinakuloets modtagelse, fordi den til en vis grad camouflerer de spektakulære Hollywood-elementer.

I sinakuloet er der elementer, som hører til den fortalte historie og den verden, som historien fremstiller (diegetiske). Tilsvarende findes elementer, som ikke hører til (ikke-diegetiske). Diegesen defineres som ikke blot, hvad vi ser og hører, men som hele det fiktive univers, som vi kan deducere ud fra alle de elementer, som den visuelle indramning og faktiske lyd giver os. Med andre ord kan diegetisk lyd i sinakuloet tilskrives en årsag i sinakuloets eget univers. F.eks. i »Kain og Abel« (første akt) høres fårebrægen, som gør papfårene »levende«. De høres ikke kun af publikum, men er også til stede for Kain og Abel. Langt de fleste lydeffekter i sinakuloet fungerer på denne måde. Også musikken kan være diegetisk. I en af dialogerne i tredje akt underholdes Pilatus og Claudia af musik og dans. Danserne (og de usynlige musikere) sendes bort, og musikken stopper brat, da diskussionen bliver ophedet, og Pilatus ønsker at tale i enrum med sin kone. Her overgår musikken fra i tidligere scener at være underlagt eller akkompagnere handlingen til i denne scene at være en del af selve handlingen. Den tjener altså både for publikum og for personerne i handlingen.

Tilsvarende kan lyden karakteriseres som ikke-diegetisk, når den befinder sig uden for handlingsuniverset. Hvor den diegetiske lyd kan være afsæt for personers handlen i sinakuloet, er den ikke-diegetiske lyd kun tilgængelig for publikum og indvirker på fortolkningen af det visuelle. Den kan være manipulerende eller oplysende, eller den kan lægge en særlig stemning. Den usynlige fortællerstemme såvel som det usynlige symfoniorkester er klassiske eksempler på ikke-diegetiske lyde, men som på paradoksal vis skaber en diegetisk illusion om en sammenhængende verden *i* sinakuloet såvel som i filmen. Sinakuloets evangeliserende funktion findes primært i fortællerens stemme, der tilbyder et ydre blik på fortællingen. Derved repræsenterer den en magt til at bestemme over det visuelle fra et *andet* sted. Det er i kraft af stemmens andethed, at vi forudsætter, at den rummer en særlig viden. Det er en form for ubemærket manipuleren med publikum, som ikke lægger op til diskussion af det fortalte, og som sørger for at formidle budsskabet »korrekt« og troværdigt. Ved sinakuloets slutning træder præsentatoren lydligt i forgrunden som ikke-diegetisk stemme ligesom fortælleren, men i modsætning til denne henvender hun sig *direkte* og *bevidst* til publikum. Mens Longinus' hoved vises frem for folket (publikum), understreges sinakuloets didaktiske intention (ill. 2):

> »Ang kasaysayan ng buhay ni Longhino ay nakaukit sa bawat puso ng mga taong may matibay na adhikaing ipatupad ang mga utos ng ating dakilang Maykapal. Sana'y kinalugdan ninyo at kinapulutan ng aral ang ating dula. Sumainyo nawa ang kabanal-banalang diwa ng Mahal na Araw.«

Ill. 2. Den romerske centurion Longinus. Fot. forfatteren 2001.

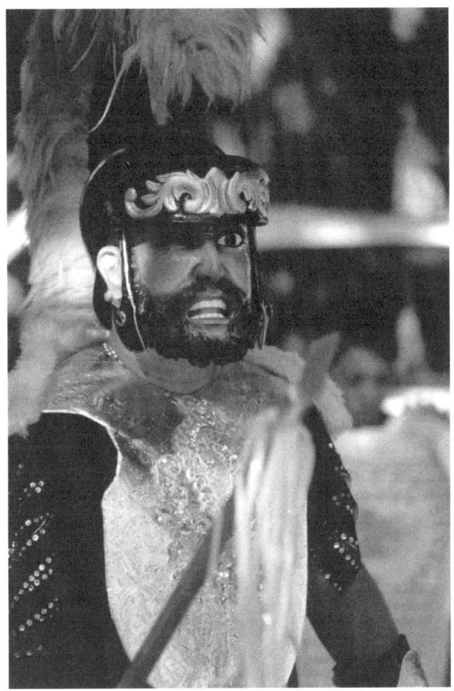

(»Historien om Longinus' liv huskes af alle folk, som er besluttet på at følge Guds lov. Vi håber, De har taget ved lære af denne præsentation. Må påskens ånd være med Dem«)

Som nævnt er musikken i lydsporet sammensat af primært to kompositioner: Elmer Bernsteins musik og et uidentificeret værk. Bernsteins musik er opdelt i satser, som i *The Ten Commandments* tilpasses forskellige scener. Til grund for satserne ligger en række melodiøse temaer, som er gennemgående i hele værket. Også det uidentificerede værk indeholder tematisk materiale. Temaerne fra filmen og fra det uidentificerede værk har meget forskellige karakterer og er let genkendelige. Selvom musik i sig selv er ikke-repræsentationel, hæftes de enkelte temaer ofte til situationer i handlingen, som kan grupperes efter deres ensartede karakter, og derved kommer temaerne ofte til at bære på en ledemotivisk funktion i sinakuloet, omend noget inkonsekvent. Undervejs sammenkædes eller brydes temaerne på flere måder, og de følger sinakuloets dramatiske højdepunkter forstået på den måde, at handlingens højdepunkter altid understøttes af temaerne, der dog også fungerer som baggrundsmusik på andre mindre vigtige steder i handlingen. Der tages ikke hensyn til musikkens selvstændige forløb, og den klippes sammen, så musikalske højdepunkter er tilpasset handlingen. Flere steder er sammenklipningen hørbar. I slutningen af første akt afstemmes musikkens længde tydeligvis til præsentatoren og gentager sig selv, så den pompøse kadence først indtræder, når hun er færdig med at tale. Temaerne får særlig lov at udfolde sig ved markante overgange i handlingen og fungerer ofte som punktum i fortællingen. I det følgende vil jeg nøjes med at inddrage to eksempler på musikkens anvendelse: tema A og B, som stammer fra hhv. *The Ten Commandments* og fra det uidentificerede værk.

Tema A er et meget fremtrædende og iørefaldende tema, som spilles med fuldt orkester og er melodiøst og romantisk. Med sin heroiske og cementerende karakter tjener temaet i sinakuloet som afslutning på første akt og som både indledning og afslutning på anden, men i den sidste og afgørende akt er det fraværende. I højere grad end de andre temaer forbinder tema A sinakuloet med Hollywood. Ved sin overdådighed hæver det lydsiden fra det ordinære til det spektakulære, sikrer en pompøs ramme omkring de første akter og opvejer delvis de sparsomme og naive (ikke-spektakulære) kulisser. Trods temaets fravær i sidste akt bevirker denne ramme, at sinakuloet som helhed fremstår overbevisende og overvældende.

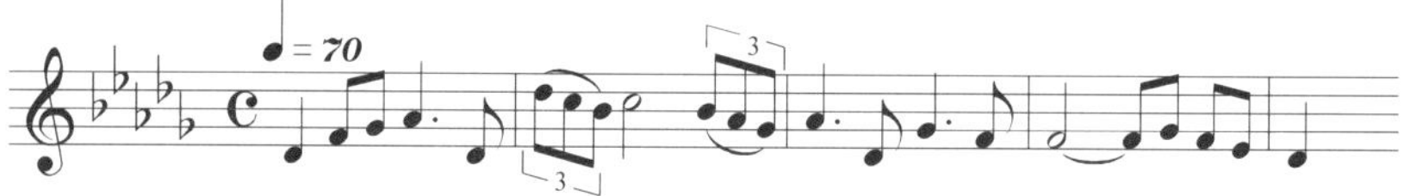

Også i *The Ten Commandments* er temaet præ- og postludium. Her symboliserer det frihed og sammenkædes undervejs med Moses for at forbinde ham med frihedsidealet. I sinakuloet præsenteres temaet interessant nok første gang også i forbindelse med Moses, som indledning til *Moses på Bjerget Sinai* i første akt, men det synes ikke at have nogen ledemotivisk funktion som i filmen. Temaet tildeles blot to vigtige scener i anden akt: »Lazarus' Opstandelse« og »Jesus og Judas«. I førstnævnte scene fungerer det som heroisk understregning af miraklet og virker logisk. Men i den sidstnævnte virker musikken kontrasterende til dialogen og derfor ulogisk. Den er dramatisk og afsluttende, hvor dialogen mellem Jesus og Judas er stille og langsom. Det er, som om musikken foregriber de dramatiske begivenheder, der indtræder senere, og som skyldes Judas'

forræderi og er forudsagt af Jesus. Således kommer den kontrasterende musik til at symbolisere det spændingsfyldte forhold mellem Jesus og Judas samt Jesus' fremsynethed.

Tema B består af en mol-treklang vedhæftet en drejetone og er karakteristisk ved sin enkelhed. I modsætning til de øvrige temaer spilles det primært af træblæsere, sekundært af strygere eller xylofon. Det har en drømmeagtig og uforudsigelig karakter, fordi det ikke virker tonalt forankret, men transponeres i medianter og fordobles i parallelle tertser. Samtidig virker det dystert pga. pågående, dissonerende messingstød. Denne effekt udnyttes udelukkende som stemningsskaber til at fremkalde en spændingsfyldt stemning og forbindes ikke hverken til bestemte personer eller typer af situationer. Temaet indstiller vores følelser på spænding eller uhygge, uanset hvilken situation der er tale om. Det præsenteres i begyndelsen af første akt som lydkulisse bag Gud, der irettesætter Adam, som har spist af Paradisets Træ, og det understreger også dramaet i »Kain og Abel«. Men temaet kommer først til sin fulde ret hen mod slutningen af anden akt, som jeg derfor vil gennemgå mere detaljeret.

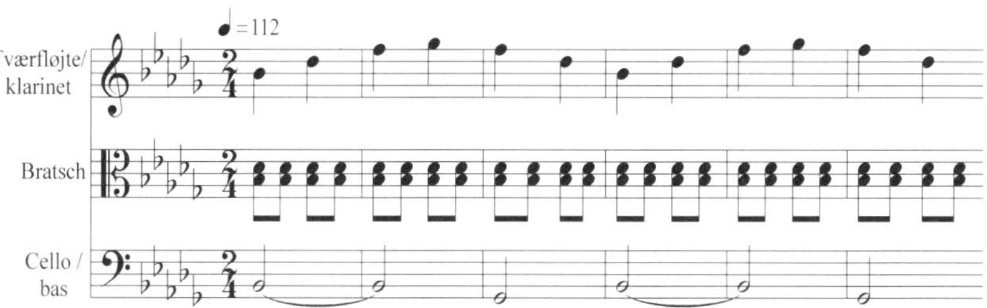

Som optakt til pågribelsen af Jesus høres først marchagtig og militant musik (messing/slagtøj), der henleder tankerne på (usynlige) marcherende soldater. Musikken skifter så karakter og træder i baggrunden, så vi kan høre Jesus' bøn. Dernæst høres tydeligt marcherende soldater – denne gang som lydeffekt (fodtramp) – hvorefter tema B sætter ind, og Jesus arresteres af soldaterne. Temaet får for første gang lov at udfolde sig og bliver meget dystert og dissonerende, mens Jesus bringes for ypperstepræsterne. Mens fortælleren præsenterer scenen, høres temaet dæmpet i baggrunden for at forsvinde helt, da præsternes forhør begynder. Siden følger vi Peters fornægtelser af Jesus, som er uden musikalsk akkompagnement. De tre hanegal stadfæster profetien og bekræftes af temaets indtræden, som virker endnu mere spændingsfyldt pga. kontrasten til det musikalske tomrum forinden. I mellemtiden har præsterne bragt Jesus for Pilatus, som skal eksekvere dommen. Her er temaet meget dæmpet indtil det forsvinder, så vi kan høre lydeffekterne (tilråb fra »the crowd«). Det sikrer samtidig, at vi i denne scene, hvor mange personer er til stede, kan høre, hvad der bliver sagt, og hæfte stemmerne fra lydsporet til de rette personer. Men trods musikkens fravær opretholdes spændingen alligevel, fordi den forinden langsomt blev opbygget af lange musikalske sekvenser baseret på tema B. Denne spænding intensiveres ved, at temaet langsomt vokser ud af stilheden for til sidst at bryde frem og overdøve tilråbene og musikalsk at eksekvere dommen. Dernæst træder fortællerstemmen i forgrunden, og projektørerne henleder publikums opmærksomhed på det sceneområde, hvor Judas har valgt at hænge sig selv i et træ. Mens vi hører Judas angre sine ugerninger, kæmper temaet mod dissonante messingstød, som kommenterer Judas' splittede sindstilstand. Til slut i scenen høres temaet i lange nodeværdier, men denne gang forliget med messing og slagtøj, der sørger for kadencen. På én gang afrunder musikken et af sinakuloets dramatiske højdepunkter og antyder samtidig, at Judas omsider har fået ro i sjælen, mens han dingler i træet til fryd for publikum.

Sammenfatning af analyse

Musikken virker velegnet til sinakuloet i kraft af dens malende karakter og de generelle stemninger (spænding/konflikt, glæde/kærlighed etc.), som temaerne lægger. Selvom lydsporet er præget af inkonsekvens, er det tydeligt, at ambitionen bag lydsporet er at tilpasse det til handlingen og understrege narrative pointer. Det binder scenerne sammen ved at skjule de svageste overgange og lægge de ønskede stemninger. Med andre ord anvendes musikken i sinakuloet på en måde, der er karakteristisk for den klassiske film generelt. Det bliver til en vis grad banalt og stereotypt, fordi musikken reduceres til stemningsskaber og indbyder til en tolkning, hvor dissonerende og hurtig musik tillægges en uhyggelig betydning som kontrast til melodiøs eller dæmpet musik. Bernsteins lydspor blev komponeret til *The Ten Commandments*, og musikken blev til med en særlig brug for øje. I filmen holdes satserne nogenlunde intakte, og der tages hensyn til det musikalske forløb; i sinakuloet splittes den samme musik til en vis grad op og kombineres med andre kompositioner. Det musikalske materiale anvendes på en ny måde og i en ny sammenhæng uden hensyn til musikkens eget forløb eller kompositoriske idé.

Lydsporet som helhed er af afgørende betydning for sinakuloets udtryk. Ikke alene er det nødvendigt for dialogen og handlingen, men – sammenholdt med lyseffekterne – skaber lydsporet en spektakulær ramme og forankrer sinakuloet i en Hollywood-kultur i kraft af dets mange ligheder med lyden i den klassisk fortællende film og massemediet. Dramatiske højdepunkter i fortællingen forstærkes, og sinakuloet kommer til at fremstå som en slags »live«-version af de store, religiøse Hollywood-produktioner (»spectaculars«). De anvendte teknikker ikke blot ligner, men er direkte adopteret fra den klassisk fortællende film og gør sinakulo til et underholdende medium. Men lyden i sinakuloet søger også at opfylde kravet om realisme og forklæde sig som historie for at fremstå evangeliserende. Denne problemstilling forfølger jeg nedenfor, hvor den belyses fra to forskellige sider for at undersøge, om sinakulo er religiøs bodshandling eller underholdning.

Gejstlige indvendinger: sinakulo som underholdning

I interviewene med præsterne blev det hurtigt klart, at ingen af dem rigtig kunne stå inde for sinakuloet. I hvert fald ikke i dets nuværende udformning. De anser det for at være en kommerciel turistattraktion uden egentligt religiøst indhold. Fader Malapad ser det som en kamp mellem kirken og øvrigheden (provinsstyret). Efter hans mening bør sinakuloet føjes ind under kirken, fordi det i sin tid blev indstiftet af kirken med evangelisering af befolkningen til formål.

> »In our part, as members of the church, we believe that the celebration of Lent should be a total activity of the church because that was actually introduced in view of the church. Because the main concept is the process of evangelization <...> But now the government took the initiative to have something and then I do believe that most people come here just to observe Lent – not to practice, not to have a deepened understanding of theology but only to observe Lent or maybe just to have time to see the activities – as it is!« [1]

Fader Malapad opfatter med andre ord tilskuerne som turister. Selv om han sjældent overværer sinakuloet, synes han godt om idéen. Han angriber blot publikums og aktørernes motivation, som han anser som over-

---

[1] Fader Malapad, Gasan Kirke, 4. april 2001.

fladisk og uden større interesse for det kristne budskab. Msgr. Oliverio giver udtryk for samme holdning og savner desuden væsentlige teologiske pointer:

»As a matter of fact that Sinakulo is – with the Biblical foundation – omitting some real important issues. It's <...> intended for a kind of drama – for show, for being seen by our visitors and tourists. <...> There is not much lesson.«[2]

Mit eget indtryk af sinakuloet var da også, at det fokuserer på højdepunkter i fortællingen, som er dramatiske (Judas' selvmord, Longinus' henrettelse) fremfor teologiske (Jesu Opstandelse). Msgr. Oliverio ser bekymret på Longinus-legenden i sinakuloet, idet han gerne så, at henrettelsen af Longinus i tredje akt blev opfattet teologisk fremfor dramatisk:

»Then people are invited: »Let us see the beheading« – and we say that that is gory and that is not Christian. <...> Are we Marinduqueños that murderous that we will be condoning seeing a drama beheading a person? So instead of saying that this is the beheading of the Longinus we say that this is the martyrdom! <...> Martyrdom – that's more Christian.«[3]

Den moderne opsætning bryder med den europæiske dramatradition, som spanierne bragte med sig, og som i sidste ende kan føres tilbage til middelalderen. Gejstligheden læner sig op ad denne tradition, og som jeg ser det, opfatter de den nuværende opsætning som ødelæggende for sinakuloets autenticitet og troværdighed og for kirkens konservatisme. Der pilles ved det ophøjede historiske fundament, og det religiøse aspekt og sinakuloets finkulturelle status trues. Særlig lydsporet orienterer sinakuloet i massekulturen og de negative ting som er blevet forbundet med denne (kommercialisme, korruption, amoral, uorden), og som måske er stærkest eksponeret i Hollywood. Dermed kan massekulturen – afspejlet i sinakuloet – af den dominerende klasse (særlig gejstligheden) opfattes som en trussel mod kristne værdier og den sociale kontrol (magt), som kirken i Filippinerne stadig besidder, og som præsterne på Marinduque indtil sinakuloets indførelse havde monopol på. Med Bourdieu kan vi

[2] Msgr. Oliverio, Boac Katedral, 18. april 2001.
[3] Oliverio (2001).

sige, at der er sket en forflytning af den *symbolske* og den *kulturelle kapital.*[4] Hvor det tidligere primært var præsterne og de veluddannede, som forstod den teologiske kode eller besad den kulturelle kompetence (og anseelse), som sinakuloet var indskrevet i, er sinakuloet i sin modernisering blevet tilgængeligt for alle. I interviewet med Fader Malapad får jeg svar på, om forholdene var anderledes før i tiden:

> Ah… maybe, because of the insistence of the church.[5]

Med andre ord insisterer kirken ikke længere nu, hvor initiativet er blevet taget af byrådet. Som jeg tolker det, huer det ikke præsterne, fordi de mister deres monopol som kristendommens formidlere, hvis sinakuloet opfattes som et religiøst medium, men ikke er under deres administration og kontrol. Men alligevel risikerer de at blive stillet til ansvar for sinakuloet på trods af, at de ikke bifalder dets måde at formidle det kristne budskab. I kirken har de hånd om samfundet og kan præge det religiøst, moralsk og politisk, men på scenen er de magtesløse og uden indflydelse. Der pustes derved liv i det ældgamle skisma mellem kirke og stat om placering af magten. Der er kun to måder, hvorpå præsterne kan opretholde deres religiøse monopol: enten ved at føje alle religiøse aktiviteter ind i kirkeregi eller ved at klassificere de pågældende aktiviteter som værende uden tilstrækkeligt religiøst indhold.

Aktørernes panata: sinakulo som rituelt drama

Marinduque er en lille ø, hvor der ikke sker det store. Der er intet teater og ingen biograf, og sinakuloet har dermed en vigtig social funktion. Deltagelse i sinakuloet er en langvarig proces. Aktøren Marian Cunanan fortæller, at de fleste melder sig af nysgerrighed, som ofte efterhånden erstattes af religiøs overbevisning:

---

[4] Bourdieu definerer kulturel kapital som en viden eller kode, der udstyrer agenten med den relevante forståelse, påskønnelse af eller kompetence til at tyde kulturelle sammenhænge eller kunst, se Pierre Bourdieu: *Distinction – A Social Critique of the Judgement of Taste* (London 1979), 2-3. *Symbolsk kapital* refererer til mængden af opnået anseelse, ære og respekt og funderes på dialektikken mellem viden eller erkendelse (*connaissance*) og anerkendelse (*reconnaissance*), se Pierre Bourdieu: *The Field of Cultural Production* (Cambridge 1993), 7.

[5] Malapad (2001).

> The players of the sinakulo do this for a matter of vow or in Tagalog that is *panata*. Or a penance or sacrifice for that matter. I do that also because, you know, the first time I participated, the first time I played a role in sinakulo, that was back in 1990, I don't have anything to think about, say penance, panata not at all – I just wanna join! <...> I want to see myself on that stage playing, performing a role. But because there are some prayers or whims that I ask from Him...He gave it back. So I started – and others say when you start performing in sinakulo or join the sinakulo you have to do it five years, seven years, ten years – that's panata or a vow, for ten years. I said: »I'll do five years, fine«. But then I enjoyed it really! Okay, another two years, for seven years, and then I cannot pull out myself from being part of the sinakulo until I reached this eleventh year no matter how much I wanted to, you know, withdraw myself now because I wanted to rest or enjoy the Lenten season not making any activities or sleeping very late at night and then you go back to work the following morning, you have to go to the office and work and then you practice again in the evening, wake up very early – like that. But then I enjoy it <...> Much more when you come to realize that there are more blessings coming to you. That is the time when you realize that perhaps you can attribute that to being participant of the sinakulo <...> That's why I'm still here.[6]

Denne indstilling går igen blandt de andre aktører, som jeg interviewede. Aktørernes deltagelse kan betragtes som en bodshandling enten i håb eller i taknemmelighed, og de føler sig nærmere Gud gennem sinakuloet. Glyne Arevalo i rollen som Longinus (ill.2) føler øget styrke og helbred. Han føler sig træt, men også »genfødt« efter *Pugutan* (»henrettelsen«, tredje akt). Arevalo foretrækker at spille Longinus fremfor andre roller netop pga. af rollens mulighed for at udtrykke *panata* – dvs. »gøre bod«. Men for John Ocampo i Jesus-rollen var det ligesom Cunanan ikke *panata* til at begynde med:

> My twin brother was the one who did this [role of Jesus] way back in 1983, I think, and he promised that he will [would] do it for seven years, but then after doing the fifth year he went to Saudi Arabia to work there as a pharmacist and he requested me to do it for him – to continue. So I did it for two years and then after that he came back and he completed his promise, a total of seven years.[7]

---

[6] Marian Cunanan, Boac, 3. april 2001.

[7] John Ocampo, Boac, 8. april 2001.

Ill. 3. Korsvejen: Jesus taber Korset. Fot. forfatteren 2001.

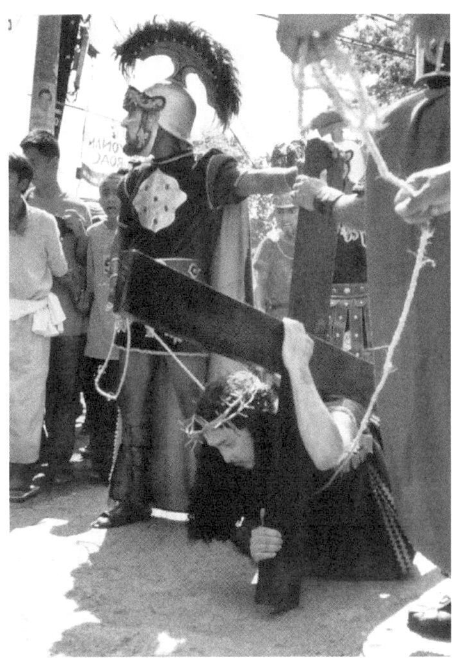

Det var ikke Ocampos personlige *panata*, men han fuldendte sin brors løfte. Han betragter det selv som »et kald oppefra«, og han blev grebet af rollen og vendte siden tilbage til den, når studierne tillod det. Ligesom Longinus-rollen kan Jesus-rollen i højere grad end de andre roller betragtes som en bodshandling, også selvom der på Marinduque ikke er tradition for regulære korsfæstelser som andre steder i Filippinerne.[8] Særlig korsvejen Langfredag er fysisk udmattende, fordi »Jesus« barfodet på den gloende asfalt må slæbe på et stort, tungt trækors i tre kvarter og i 35 graders varme (ill. 3). Men Ocampo begrunder ikke sin primære motivation for deltagelse med *panata*:

> I feel good doing this because aside from doing the role of the main character, Jesus Christ, I feel that I'm doing good for my province – especially for the tourism.[9]

[8] F.eks. i San Fernando, Pampanga Province, hvor hænder – men ikke fødder – nagles til korset.

[9] Ocampo (2001).

Cunanans og Ocampos udtalelser er interessante, fordi de viser, at det ene ikke behøver at udelukke det andet. På den ene side bekræfter Ocampo præsternes anklager af sinakuloet som underholdning for turisterne, men på den anden side er Ocampos »kald oppefra« og Cunanans *panata* i modstrid med præsternes synspunkt om, at et underholdende drama har erstattet et spirituelt sinakulo. Cunanan kombinerer *panata* med sine personlige ambitioner på scenen, mens Ocampo kombinerer det med et håb om at fremme kendskabet til Marinduque og Filippinerne. Ligesom for præsterne er indstillingen vigtig for aktørerne. Man kan sige, at den er en kombination af disciplineret religiøs *panata* og opretholdelse af den lokale kulturarv gennem underholdning og turisme. For aktørerne er det hele bevaret i sinakuloet.

Ovenstående fremstilling af informanternes udtalelser viste, at aktørernes opfattelser af sinakuloet tydeligvis er i modstrid med præsternes. Det skyldes dels aktørernes indstilling til *panata* og kan begrundes med sinakuloets *rituelle egenskaber*, som gør dramaet til noget særegent og adskiller det fra andre former for teater. I det følgende vil jeg præsentere udvalgte egenskaber hver for sig som de kommer til udtryk i sinakuloet. Bagefter sammenholdes de med panata-begrebet, og lydsporet inddrages undervejs.

Sinakulo som ritual

Sinakuloet lader sig ikke analysere ud fra ritualteori alene, men det kan udvide vores forståelse af sinakuloets sammensatte struktur og komplekse, sociale relationer. »Ritual« (og »rituelt«) refererer her til en overordnet idé (ramme), mens »rite« betegner den specifikke begivenhed og handling.[10] Det kan sammenlignes med gudstjeneste i forhold til liturgi. Sinakulo kan ikke længere karakteriseres udelukkende som ritual eller rite, men indeholder en række rituelle egenskaber, hvoraf jeg vil nøjes med at inddrage »formalisme«, »funktionalisme« og »performance«.[11] De er på ingen måde udtømmende eller definerende for ritual og

---

[10] Ronald L. Grimes: *Ritual Criticism: Case Studies in its Practice, Essays on its Theory* (Columbia, S.C. 1990), 10.

[11] Catherine Bell: *Ritual: Perspectives and Dimensions* (Oxford 1997), 138-169. Bell anfører desuden »invariance« og »rule-governance«; jf. Bell (1997), 27-29 om funktionalisme og forholdet mellem ritual og samfund, som tager udgangspunkt i Durkheim og Radcliffe-Brown.

ej heller kun knyttet til ritualer. Jeg har valgt netop disse egenskaber, fordi de vejer tungt i forståelsen af aktørernes og publikums opfattelse af sinakuloet. De er kendetegnet ved at klassificere ritual som en *proces*, og det er derfor mere passende at tale om *ritualisering* af bestemte handlinger fremfor ritual som fasttømret kategori.[12] Det er ritualiseringen, der bevirker, at sinakuloet må opfattes som mere end underholdning. Ved ritualisering skal forstås en handling, der udskiller en situation fra det hverdagsagtige og fremhæver noget som ekstraordinært; f.eks. en distinktion mellem helligt og profant (hvorved skal forstås det ekstraordinære i forhold til det ordinære). Det er i udpræget grad ritualiseringen, som i sin proces adskiller det rituelle drama fra andre former for drama og som bevirker, at det kan opfattes *som* ritual (»kvasi-ritual«) eller kan *blive til* ritual.[13]

Formalisme

Sinakuloet er en formel begivenhed. Det foregår på et fastsat, årligt tilbagevendende tidspunkt og på samme plads, som er bygget specielt til denne lejlighed. Hverken aktører eller instruktører lod til at hæfte sig ved det formelle i sinakuloet, og derfor er det følgende baseret på mine egne observationer.

Lydsporet anslår fra begyndelsen det formelle ved begivenheden. Hver akt indledes med nationalsangen, mens det filippinske flag holdes frem. Det hæver øjeblikkeligt begivenheden over det hverdagsagtige og indføjer sinakuloet i et statsligt apparat, som de færreste ønsker at anfægte. Nationalsangen lyder i øvrigt ved så forskellige begivenheder som parader og biograffilm. Flagets farver symboliserer lighed og fællesskab (hvid), fred og retfærdighed (blå), mod (rød), og det udtrykker filippinerens trang til frigørelse fra undertrykkelse udefra. Det sidestiller rig og fattig og samler en række forskellige værdier og idealer under ét symbol, som repræsenterer den diffuse filippinske identitet. Som dansk iagttager af begivenheden synes flag og nationalsang umiddelbart helt malplaceret og forbinder på den ene side sinakuloet sekulært til biografteatret. På den anden side er flaget omgærdet med respekt og formalisme og tildeles næsten en hellig (urørlig) status på samme måde som det kristne kors.

---

[12] Grimes (1990), 9-13.

[13] Hos Grimes (1990) yderligere differentieret i begrebet »ritualization«.

I dette lys gøres sekulære elementer som flag og nationalsang *sakral-symbolske* og rituelle gennem deres funktion.[14]

Sinakuloets handling udspringer fra Bibelen og afspejler dennes fortællende og didaktiske form. Virkningen bliver formel og forstærkes yderligere af sprogets gammeldags snit. Lydsporet benytter et ældre tagalog, som er mindre angloficeret, og som den ældre generation måske opfatter som mere højtideligt, men som kan virke komisk eller svært at forstå for de yngre tilstedeværende. Det er dialogen i lydsporet, som til en vis grad fastholder »uforanderligheden« i sinakuloet men somme tider står i kontrast til de yngste aktører, som ikke helt forstår at udlede den dybere mening af sproget i deres ageren. Dernæst understreges det formelle i selve dialogen i den forstand, at visse roller (særlig Jesus) er holdt i faste rammer af bibelske citater og teologiske vendinger. Sammenholdt med det ældre tagalog skaber det et særligt udtryk, hvor snarere formen end indholdet (»budskabet«) fastholder publikum. Dialogen bevirker imidlertid også, at visse roller kan opfattes som stereotype. Jesus, Longinus og til dels Pilatus, der portrætterer de gode og retskafne, taler langsomt og velovervejet med rolige, dybe stemmer. Deres tale virker erklærende og giver en fornemmelse af autoritet og tryghed og understreger bibelordets *troværdighed*. Derfor ændrer manuskriptforfattere også sjældent disse karaktertræk. Modsætningen, der også er stereotyp, findes i Judas, Djævelen, Kaifas og Herodes, som taler hurtigt og har skingre eller aggressive stemmer og virker *falske*. Her tør forfatteren improvisere, fordi kirken alligevel opfatter disse personer som værdiløse forbrydere. Formalismen afbrydes midlertidigt i disse roller, og publikum får lejlighed til at le og slappe af midt i højtideligheden; særlig Judas' hængning af sig selv i slutningen af anden akt vækker begejstring. Stemmeføringen i dialogen er så konventionel, at karaktertyperne let kan adskilles fra hinanden uden den sceniske udførelse at støtte sig til. Virkningen er pædagogisk; selvom jeg til at begynde med ikke forstod dialogen på tagalog, var jeg ikke i tvivl om, hvem der repræsenterede »de gode« eller »de onde«. På samme måde gøres dialogen lettere at forstå for dem, som ikke behersker det ældre tagalog.

Formalismen kan være en vægtig grund til, at sinakuloets formidlere ikke ønsker at udfordre de opstillede konventioner. En større ændring af

---

[14] Bell (1997), 155-159; begrebet kan udvides med »refererende«, »mystisk«, »transcendental« og »kosmisk« jf. Grimes (1990), 14, der især forbindes med religion, men som også er anvendelige om sekulære fænomener jf. Bell (1997), 156.

sinakuloets indhold (narrativ) ville udfordre Bibelen og dermed kirken, og en scenografisk ændring ville anfægte guvernørens initiativ og dømmekraft. Tilsvarende afslørede interviewene, at det lokale publikum tilsyneladende ingen forventning har om ændringer fra år til år bortset fra eventuel udskiftning af aktører og kostumer. Det kan umiddelbart tolkes som at de tilskuere, der overværer sinakuloet år efter år, ikke kommer for at overraskes, men for at blive bekræftet i en historie, de allerede kender. Måske har de religiøse hensigter og benytter sinakuloet som et farverigt alternativ til kirken, eller måske nyder de bare forestillingen. Under alle omstændigheder kan sinakuloet for det religiøse publikum fungere som en gudstjeneste, hvor bibelhistorien og kristne symboler levendegøres.

Funktionalisme

Som i al anden funktionalistisk kunst ligger det implicit i sinakuloet, at det er skabt til at tjene bestemte formål. Det udstiller generelle holdninger blandt de forskellige grupper: 1) Det har en vigtig social funktion (bekræftet af den massive publikumskare og et stigende antal aktører), 2) det formidler en kristen, evangeliserende hensigt (aktørernes udtalelser), og 3) det promoverer Marinduque udadtil (præsternes kritik af opsætningen og guvernørens motiv). Graden og arten af funktionalisme i sinakuloet hænger nøje sammen med høj/lav-dikotomien, og om sinakuloet opfattes som helligt eller profant. Dets sociale og/eller religiøse funktion bevirker ikke nødvendigvis, at det kan opfattes som rituelt, men det gælder generelt for riter, at de tjener en bestemt social funktion[15], og sinakuloets sociale funktion kan næppe betvivles. Hvis gejstlighedens kritik er berettiget, og sinakuloet er kommercielt og uden tilstrækkeligt religiøst indhold, er dets funktion reduceret til underholding og socialt samvær. Dette gør det muligvis mindre værd set med præsternes øjne, men specielt i provinser som Marinduque, som hverken har biograf eller anden form for teater, er det en begivenhed, som man ser frem til. Men funktionalismen anskues da udelukkende ud fra, hvordan sinakuloet fungerer som drama.

Anskues sinakuloet som *rituelt* drama, anerkendes ikke blot sinakuloets sociale, men også dets religiøse funktion. Det skal stadig fungere som drama, men også som formidler af religionen, og særlig for den illitteræ-

[15] Jf. Bell (1997), 27-29.

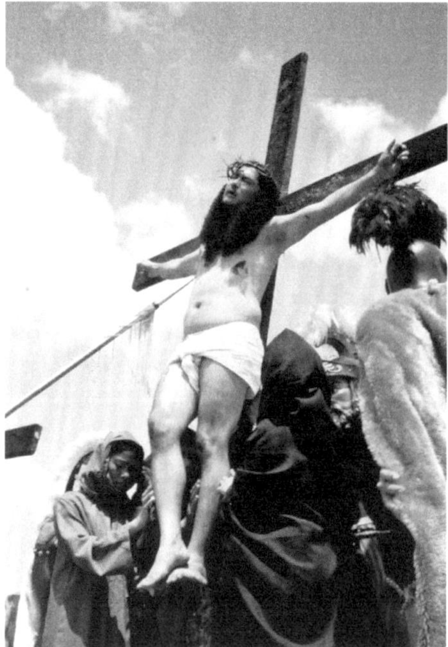

Ill. 4. Jesus spiddes af Longinus. Fot. forfatteren 2001.

re del af befolkningen, som ikke selv kan læse Bibelen, kan sinakuloet have en evangeliserende funktion. Ikke mindst langfredags *Via Crucis* bidrager hertil, fordi processionen anføres af gejstligheden og således kommer til at stå som bindeled mellem sinakuloet og påskens øvrige processioner, som varetages af kirken. Denne funktion forstærkes i selve sin ramme og sit direkte udtryk, som kan forklares ud fra performance-begrebet.

Performance

Uanset om sinakuloet opfattes evangeliserende eller ej, kan det karakteriseres som drama og *performance*.[16] Indholdet kommunikeres på mange

[16] Performance-begrebet er meget bredt og dækker bl.a. over selve *handlingen* – »perfektioneret/fuldendt«, »udspillet« (»enacted«). I dette afsnit anvendes performance mere konkret i handlingen som teater – »dramatisk«, »opført« – med særlige rammer og afgrænsninger jf. Grimes (1990), 14, og Victor Turner: »Dramatic Ritual / Ritual Drama: Performative and Reflexive Anthropology« in: *The Kenyon Review*, New Series (NS), 1,3. (1979).

samtidige niveauer både visuelt, auditivt og følelsesmæssigt. Selv den mindre entusiastiske tilskuer påvirkes af menneskemængden og involveres i den sanseligt komplekse oplevelse det er at overvære sinakuloet. Nogle inddrages endda direkte i handlingen, når aktører blander sig med publikum eller henvender sig til dem oppe fra scenen – f.eks. i anden akt som en del af den folkeskare i Jerusalem, der dømmer Jesus til korset; aktørerne blander sig med de forreste tilskuerrækker, og kun kostumet afslører hvem, som bevidst agerer Pilatus' undersåtter. Tilsvarende er det i tredje akt, hvor Longinus på sin flugt fra de andre soldater springer ned fra scenen og gemmer sig blandt publikum. Med ét inddrages publikum i handlingen, og skellet mellem statister og publikum sløres. Det har en stærk virkning og giver en følelse af historisk nutid og af at være med dér, hvor begivenhederne udspiller sig. Og det er netop styrken ved performance: man får ikke blot fortalt en historie eller vist en forestilling. Man *oplever*.

Dernæst er rammen afgørende for distinktionen mellem bl.a. det hellige og det profane, det særegne og det trivielle.[17] Det særlige ved performance er den implicitte opmærksomhed, som ligger i rammen, og som demonstreres i sinakuloet både på og foran scenen; man tvinges til at forholde sig til den. Den bevirker, at sinakuloet uvilkårligt opfattes som noget andet end rutinepræget virkelighed, og unormale handlinger bliver acceptable inden for denne ramme. Holdinger og opfattelser, som ellers synes at være i konflikt, kan udleves gennem performance og samspille og forløses. Rammen skaber desuden en fortættet, omend kunstig og midlertidig indelukket verden eller et *mikrokosmos*, som er ordnet, overskueligt og forståeligt, og som afspejler *makrokosmos* eller den »virkelige« verden udenfor, der opleves som kaotisk. Den bibelske kronologi og liturgisk-prægede orden sikrer en forholdsvis fast struktur modsat vilkårlig orden. Overordnet kan man sige, at den religiøse hensigt er at harmonisere rituelle handlinger med kosmiske ordensprincipper: Gud og kosmos som udtryk for det guddommelige ord (*logos*). Rituelle handlinger er ikke blot strukturer men er forudbestemt til at afspejle en stør-

[17] Begrebet »framing« indførtes af Gregory Bateson som en form for metakommunikation, der dækker måden hvorpå visse – ofte modstridende – samtidige aktiviteter samspiller med hinanden; en form for indforstået kode, som bevirker at kommunikation opfattes på en særlig måde og ikke misforstås jf. Bell (1997), 74.

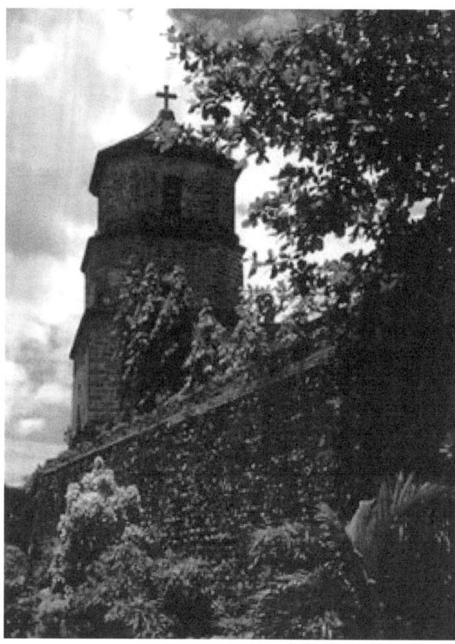

Ill. 5. Katedralen i Boac. Fot. forfatteren 2001.

re og overordnet uvilkårlig struktur, som varer ved og er »uendelig«. Den rituelle handling nøjes ikke med at imitere ordet, men *genskaber* det.[18]

Sammenfatning: religiøs tradition og politisk styrke

Aktørernes indstilling afspejler sinakuloets evne til at ritualisere og dramatisere det kristne værdigrundlag, som det filippinske samfund bygger på. Jeg har anvendt mine interviews vel vidende om, at nogle måske er farvet af den adspurgtes ønske om at give mig det »bedste indtryk« eller »det rigtige svar«. Som observatør betvivlede jeg dog ikke den religiøse motivation hos dem, som år efter år frivilligt deltager i sinakuloet. Samme erfaring gjorde Tiongson i Malolos (Filippinerne) i 1972:

> To the farmers who stage it, the sinakulo is first and foremost a prayer, that only happens to be, secondarily, a play.[19]

---

[18] Grimes (1990), 181-182; Geertz anlægger samme kosmologiske syn: »In a ritual, the world as lived and the world as imagined <...> turn out to be the same world <...>« jf. Clifford Geertz: *The Interpretation of Cultures* (London 1993), 112.

[19] Nicanor G. Tiongson: *Sinakulo* (Quezon City 1999), 14.

Sinakulo er en måde, hvorpå individerne i et samfund kollektivt kan reflektere over deres egen rolle religiøst og politisk. Det oprindelige sinakulo udsprang fra religionen og fra landbrugets sociale orden. Dets eksistens var afhængig af og styrkede landsbyfællesskabet gennem respekt og ydmyghed på samme måde som såning og høst. Perioden mellem såning og høst (februar-april) gav den fornødne tid til prøver på sinakuloet, men den stigende urbanisering og industrialisering i løbet af 1970'erne betød enden på mange sinakuloer, som ikke magtede at tilpasse sig de ændrede forhold. Sideløbende opstod en anden type sinakulo som en modreaktion på korruption af fællesskabet og det truede landsbysystem. Denne nye type sinakulo havde til formål at oplyse de lavere klasser om samfundets problemer, om bønder som ofre for udnyttelse, korrupte politikere og embedsmænd, om arbejdernes kummerlige forhold, og om underklassen generelt, som kom i klemme mellem hvad der blev opfattet som favorisering af den lokale elite og udenlandske interesser.[20] Sinakuloerne fik således også en mere revolutionær funktion som politiske dramaer, der var dristige fortolkninger af Bibelen i et nutidigt, politisk perspektiv. Men til forskel fra sinakuloet på Marinduque understreger de politiske sinakuloer de negative sider af samfundet eller ved det kulturelle møde. Særlig amerikansk kultur – som i Filippinerne i dag er særlig kontroversiel pga. USAs nylig forladte militære installationer (flådebaser) – angribes og sidestilles med undertrykkelse og korruption. Ved at lade sig inspirere af Hollywood indskrives sinakuloet i den langvarige politiske debat om, hvorvidt amerikansk (eller anden udenlandsk) tilstedeværelse på filippinsk grund skal tolereres.[21] Den amerikanske indflydelse i Filippinerne er et afgørende aspekt i en voksende national bevidsthed,[22] som

---

[20] Tiongson (1999), 31

[21] Jf. Russ Kerr: *Philippines* (Lonely Planet Publications 2000), 20-24. For politisk-historiske forhold mellem Filippinerne og USA se H. W. Brands: *Bound to Empire – the United States in the Philippines* (Oxford 1992) og G. F. Zaide: *Philippine Political and Cultural History* (Manila 1957), II, 227ff.

[22] Det skal understreges, at der ikke er tale om national *enighed*, men at folk (i urbaniserede områder) har holdninger for eller imod amerikansk (militær) tilstedeværelse. Hvorvidt man kan tale om ét eller flere filippinske folk er en anden diskussion, men her er det tilstrækkeligt at skelne mellem filippinske og ikke-filippinske folk. Det er tænkeligt, at en filippiner opfatter den amerikanske tilstedeværelse symbolsk som *ethvert* fremmed indgreb i Filippinerne – amerikansk eller ej – og at amerikansk kultur står som synonym på »vestlig kultur«. Alligevel mener jeg, at der er belæg for at tale om »amerikanisering« fremfor f.eks. »vestliggørelse« (»westernizing«), som er bredere. I Filippinerne lader der til at være en folkelig bevidsthed netop om USAs indflydelse og tilstedeværelse, der ses primært i filippinske udenrigspolitiske forhold og import af amerikanske produkter.

utvivlsomt bidrager til præsternes opfattelse af sinakulo som popkultur. Det kommer primært til udtryk i lydsporets klassiske Hollywood-stil med storladne temaer, og i lydsporets åbenlyse funktion som musikalsk stemningsskaber. Men ikke desto mindre er tilsvarende »moderne« tiltag at finde i kirkens gudstjeneste. Her forstærkes præsten af mikrofoner, og musikken er overvejende en tilpasning af en importeret hymnetradition, hvor sangen akkompagneres af et el-orgel eller keyboard.[23] Både på scenen og i kirken vækker det mindelser om den »amerikanisering«, som i Filippinerne på én gang står for fremskridt og undertrykkelse, og det har rejst kritikken af sinakuloet som kommercialisme, dvs. som en vare der skal sælges og primært til turisterne. Selvom sinakuloet måske ikke i sig selv er en økonomisk succes, bidrager det i kraft af en øget turisme til økonomien på Marinduque. Sinakuloet som produkt bliver således et eksempel på Bourdieus analyse af det kunstneriske felt som en økonomisk verden vendt på hovedet, hvor vinderen taber.[24] Ud fra den betragtning kan sinakulo ikke være både økonomisk succes og »kunstnerisk« succes, og det svækker opfattelsen af sinakulo som rituel handling; turismen og sinakuloets popularitet vækker netop præsternes skepsis og underkendelse af sinakuloet. Amerikaniseringen og kommercialismen truer den religiøse tradition, som er afgørende for opfattelsen af sinakulo som ritual og finkultur.

I den foregående fremstilling kan det se ud, som om de to forskellige, generelle holdninger er modsætninger, fordi de stilles skarpt op over for hinanden. Men måske bør det ikke opfattes som en dikotomi, som gejstligheden antyder, idet holdningerne synes at befinde sig på hvert sit niveau; sinakuloets *indhold* er spirituelt, mens *formen* er spektakulær og underholdende, hvilket kan hævdes til en vis grad at gælde alle rituelle dramaer, også historisk set. Dernæst handler det om afsendere og modtagere af sinakuloet. Interviewene afslørede, at de involverede i vid udstrækning betragter sinakulo som bodshandling, og derved fastholdes sinakuloet i en kristen tradition og finkulturen. Men gejstligheden og publikum, som ikke er direkte involveret, lægger måske først og fremmest mærke til sinakuloets spektakulære ramme, hvor særlig lydsporet står som eksponent og forankrer sinakuloet i Hollywood-kulturen. Med an-

---

[23] Indførelsen har dog næppe været kritikløs, men nødvendig; Boac Katedral har et stort, smukt og gammelt orgel, som ingen tilsyneladende kan spille på.

[24] Bourdieu (1993), I. Bourdieu postulerer bl.a., at kunstnerisk succes til en vis grad er omvendt proportional med økonomisk succes.

dre ord er sinakulo generelt bodshandling for afsenderne og underholdning for modtagerne, men dermed siger jeg ikke, at der blandt publikum ikke findes nogen, der betragter det som en religiøs handling, og ej heller, at samtlige aktører betragter deres medvirken som bodshandling.

Lydsporet er i høj grad bestemmende for, hvordan sinakuloet modtages. Det er her, at ritual, kommercialisme og høj/lav-opfattelsen får en fællesnævner; amerikaniseringen kan betragtes som en slags »omvendt ritualisering«, hvor det hellige og ophøjede (elitære) gøres profant og tilgængeligt (folkeligt). Det underholdende medium orienterer kristne traditioner i en massekultur og medfører måske, at det religiøse »budskab« når ud til en bredere skare. Man kan sige, at sinakuloet gør kristendommen – som for længst har manifesteret sig på øen – levende og nærværende for alle generationer og samfundslag. Sinakuloet i samspil med kirketjenesterne fuldender den religiøse oplevelse i påskeugen. Det er med til at opretholde den religiøse entusiasme på Marinduque, som i den sidste ende kan gavne kirken. Heri ligger paradokset i de modstridende synspunkter: de er hinandens styrke. Sinakuloet på Marinduque formår at forene bodshandling med det spektakulære, finkultur med popkultur, som andre steder i Filippinerne har resulteret i sinakuloets undergang.

> »The invasion of pop culture and the shift from an agricultural to an industrial order has caused the weakening or death of many sinakulo groups <...> But in areas where the sinakulo leadership had resolve and imagination, the passion play has been able to survive, prevail or even flourish under these conditions, repackaging its production to suit a young urbanized audience – without necessarily changing the messages and world-view of the traditional sinakulo.«[25]

Men efter min opfattelse er det ikke fyldestgørende at placere sinakulo i den ene eller anden ende på en imaginær kulturel skala og som enten kommercialisme eller rituelt drama. I sinakuloet udviskes grænserne, og dets udformning tilfredsstiller en række forskellige behov som udtryk for en kulturel assimilationsproces, som jeg vil slutte af med at se nærmere på.

---

[25] Tiongson (1999), 17.

Sinakulo som kulturel mediator

I det følgende vil jeg vise, hvordan sinakulo kan forstås som et komplekst flerkulturelt fænomen, hvor lydsporet står som omdrejningspunkt. De forskellige opfattelser udgør et spændingsfelt og munder ud i tolkningen af sinakulo som udtryk for globalisering.

> »Public drama should be distinguished from more rurally based folk drama, on the one hand, and more professionally oriented artistic drama produced by local theater groups, on the other. Public drama has some distinct characteristics. First, it is historically preoccupied. Second, it is akin to the morality play insofar as it is didactic, theological, and ideological; it aims to communicate and strengthen a specific set of values. Only secondarily does it aim at producing a work of art. Third, the ethos of public drama is spectacular and thus more akin to Hollywood in its staging than to either folk or artistic drama. And in Santa Fe most public drama is explicitly Catholic in its attempt to link religiosity with both ethnicity and civicality.«[26]

Denne beskrivelse af drama i Santa Fe (New Mexico) kunne lige så vel være af sinakulo i Filippinerne. Ligheden er slående og hænger måske sammen med, at begge traditioner har spanske rødder, som siden hen er blevet blandet med lokal såvel som amerikansk kultur. Sinakuloet er historisk funderet og både didaktisk, teologisk og ideologisk. Det kan også karakteriseres som kunst, men dette antydes hverken af aktører, instruktører eller præster, og derfor synes det kunstneriske ikke at være sinakuloets mål. Det tredje punkt i Grimes' definerende beskrivelse forbinder dramaet med Hollywood pga. dets storslåede opsætning (»spectacular«). Dette føres på Marinduque et skridt videre i lydsporet. I forlængelse heraf er sinakulo også et bevidst forsøg på at sammenkæde religion med bystyre og lokale (»etniske«) værdier og traditioner. De to første punkter er allerede blevet berørt. I det følgende vil jeg derfor nøjes med at se nærmere på det sidste punkt i den filippinske kontekst, dvs. forholdet mellem religion, lokale traditioner og Hollywood.

Sinakuloets måde at fremstille Bibelen på er ikke ny, men kendes også fra religiøse fremstillinger i medier som TV, video, CD-ROM og internet. På Marinduque handler det ud over forskydningen af lokale magtforhold om den måde, hvorpå sinakuloet foregiver at være »historisk

---

[26] Ronald L. Grimes: *Symbol and Conquest* (Ithaca/London 1976), 152-153.

korrekt« eller repræsentere »sandheden«. På verdensplan har denne søgen efter sandheden resulteret i en eksplosion af religiøse emner i massemedier, som alle tilbyder en form for visuel reproduktion af Bibelen lige fra fotografier og dokumentarfilm til Hollywood-produktioner. Aldrig før har historiske repræsentationer været så tilgængelige og nærværende.[27] Når Bibelen fortolkes gennem massemedierne, skabes en direkte forbindelse mellem fortid og nutid. Ved at blive forklædt som historie skjules en stærk bagvedliggende teologisk agenda og kompliceret doktrin, og præsentationen foregiver at genfortælle bibelhistorien som »virkelighed«. Teknikker til montage og sammenklipning, som medierne har til rådighed, forstærker den narrative virkning, fordi de er i stand til at fremhæve de vigtigste elementer i fortællingen og paradoksalt efterkomme ønsket om realisme. Men Bibelens udbredelse ved hjælp af massemedierne udfordrer samtidig skellet mellem det elitære og det populære, mellem det hellige og det profane. Den hellige skrift og »gudsordet« udgår ikke længere udelukkende fra kirken eller dyrkes individuelt hjemme. Kristne tolkninger distribueres i stigende grad via film og særlig i Hollywood; fra 1956-59 blev *The Ten Commandments* set af 98.500.000 mennesker og mange flere siden.[28] Tilsvarende tiltrækker sinakuloet en masse mennesker, som måske sjældent går i kirke. Selvom de bibelske storfilm generelt er moraliserende og fokuserer på, hvordan grundlæggende, etiske principper påvirker samfundet,[29] er motivet bag dem næppe en egentlig evangelisering og muligvis ej heller bag sinakuloet. Spørgsmålet er, hvad der gør de bibelske storfilm såvel som sinakulo så populære? Et svar kan være, at Hollywood i vid udstrækning forvandler Bibelen til en billedbog og gør den tilgængelig for alle, som har adgang til film og TV, uanset læsefærdigheder og boglig dannelse. Samtidig har filmmediet rekonstrueret bibelhistorien på en hidtil uset levende måde, der har evnen til at virke overbevisende.[30] På samme måde sætter sinakuloet billede på det, som prædikes i kirken, og i en tiltrækkende, dramatisk ramme, der også er forsimplet og forståelig for alle aldre. Dette kommer særlig til udtryk i miraklerne, som på skrift er uhåndgribelige, men som på scenen fuldender vores forestillingsevne og gør fantasi til »virkelighed«. I sinakuloet bakkes

[27] Jf. A. Bach: *Biblical Glamour and Hollywood Glitz* (Atlanta 1996), 6.

[28] Bach (1996), 15.

[29] Gerald E. Forshey: *American Religious and Biblical Spectaculars* (Westport 1992), 55.

[30] Bach (1996), 16.

miraklerne op af englekor og farvet lys inspireret af Hollywood-filmene, hvis avancerede teknologi har gjort det umulige muligt, og det er netop dét, mirakler handler om.[31] Men samtidig forbindes de teologiske problemstillinger med magi eller det okkulte samt det spektakulære i stedet for det ydmyge og afdæmpede, hvilket formentlig er en anden årsag til gejstlighedens kritik. Tilbage står spørgsmålet om sinakulo alligevel kan være både kommerciel succes og religiøs oplevelse? Svaret synes at være, at sinakuloet tjener begge funktioner, men for *forskellige* grupper (medvirkende, publikum, gejstlighed, bystyre). Samtidig tror jeg ikke, at folk ville flokkes til sinakuloet år efter år, hvis de anså det for at være spektakulært, men indholdsløst. På Marinduque synes en række forskellige sociale behov at blive dækket af sinakuloet, hvilket sikrer dets popularitet og tiltrækningskraft, som i den sidste ende også er en kommerciel succes.

Kulturel syntese og globalisering

Som en »semi-live« version af Hollywood-filmene kan sinakuloet på Marinduque i dag anskues som en gren af dette medium. Men det står ikke umiddelbart klart, hvorfor sinakuloet blev så populært i Filippinerne, ligesom det ikke er entydigt, hvorfor Hollywood tilsyneladende har global succes. Forholdene kan forklares ud fra en teori, som stammer fra Scott Robert Olson. Den viser, hvordan USAs mediedominans og distribution af en tilsyneladende global smag har rod i en unik blanding af kulturelle forhold, som bidrager til en opståen af transparente »tekster«; dvs. narrativer, der ved deres indbyggede polysemi indbyder til at blive læst eller tolket af forskellige folkeslag, som om de er lokalt hjemmehørende.[32] Olsons teori ligger tæt op ad Grimes' tanker og kan bruges til at vise, hvordan et tilsyneladende lokalt fænomen som sinakuloet kan læses globalt og vice versa. Teorien virker yderst relevant, fordi feltarbejdet netop afslørede, at befolkningen i Filippinerne ofte har svært ved at definere egen kultur. Det kom til udtryk i interviewene, hvor samtlige adspurgte beskrev filippinsk kultur med forhold, som dybest set har spansk eller amerikansk oprindelse. Det betyder naturligvis ikke, at filippinsk kultur ikke findes, men den er diffus.

---

[31] Bach (1996), 27.

[32] Robert S. Olson: *Hollywood Planet: Global Media and the Competitive Advantage of Narrative Transparency* (Mahwah, New Jersey 1999).

Historisk set ville de indfødte i Filippinerne aldrig have adopteret og udviklet sinakuloet til dets nuværende form, hvis ikke de havde fundet det interessant. I sinakuloet afspejles værdier som moral og fællesskab, der allerede fandtes i det præ-kristne, filippinske samfund. Men filippinsk moral og fællesskab var næppe identisk med det, som spanske missionærer prædikede. Med andre ord forstås Bibelen udtrykt i sinakuloet på én måde for en filippiner og på en anden måde for en ikke-filippiner.[33] Det kan måske undre, at sinakuloet i dag overhovedet kan vække interesse i meget forskellige kulturer. En forklaring kan findes i dets Hollywood-stil, som er *transparent*; det udtrykkes umiddelbart i lydsporet, men også i personer og handling – dvs. i valget af bibelhistorier, som er velegnede, fordi de har en gennemsigtighed, som gør dem let forståelige og identificerbare med lokale forhold.

Globalisering er ikke noget nyt fænomen, men massemedierne har gjort forskellige kulturer mere synlige og tilgængelige for hinanden. Sinakuloet som kulturelt medium er stærkt påvirket af et globalt Hollywood-medium, og på én gang taler sinakuloet til sit filippinske publikum med et kristent værdigrundlag og en lokal symbolik. På scenen, f.eks., kan folket i Judæa symbolisere filippineren (konvertit eller vantro). Pilatus, de romerske legionærer, Jesus og Longinus symboliserer spanieren (erobrer, soldat eller missionær) og er bestemmende for historiens gang symboliseret i fortælleren. Lydsporet, lyd- og lyseffekter repræsenterer eller *er* amerikansk kultur og symboliserer opgøret med spansk herredømme og traditioner samt tilegnelse af moderne kultur.[34]

Ud over sinakuloet ses den kulturelle varians i påskeugens øvrige aktiviteter. Filippinsk kultur fremstår tydeligst i salget af kunsthåndværk og mad, men også i en udstilling (EXPO) indført i 2001, som fokuserer på øens egne kulturelle særtræk såsom dans og musik. Spansk kultur er tydeligst inden for kirkemuren i form af gudstjenester døgnet rundt og udenfor som processioner. Amerikansk kultur symboliseres i underholdning som f.eks. en poprock-koncert, der afslutter påskeugen. Alligevel er det vanskeligt at trække grænser mellem de tre kulturer. Selvom spansk indflydelse er dominerende i kirken, foregår gudstjenesten på tagalog, som igen er et sprog, der har optaget mange spanske og amerikanske

---

[33] Men det betyder ikke, at alle filippinere opfatter sinakuloet eller Bibelen på samme måde.

[34] Jf. Grimes (1976), 182-202.

(engelske) ord, og hymnetraditionen er overvejende amerikansk-katolsk. Kunsthåndværkerne har ladet sig inspirere af fremmede materialer og teknikker, og mange af de »romerske legionærer« har udskiftet træskjoldene med funklende hjulkapsler, og poprock-koncerter er oftest med lokale bands, som synger på tagalog.

Den kulturelle varians synliggøres gennem sinakuloet som et slags fortættet billede af påskeugen. Men samtidig giver den anledning til forsoning og harmoni symbolsk i Kristus og eskatologisk i Gudsriget.[35] I den kulturelle forandring og etniske konflikt kommer det rituelle drama derfor indirekte til at stå som en mediator, der på Marinduque styrkes af en global Hollywood-klædning. Det har den sociale virkning, at konflikten holdes i sinakuloet og udspilles inden for denne ramme, hvilket afspejles i udtalelser som »Ah, it is just for show« (jf. præsternes kritik) eller »It isn't for real«. Men kulturerne samspiller også, fordi de repræsenterer forskellige interesseområder:

> In the midst of mutual accommodation, each culture asserts its superiority, but what keeps the conflict from becoming <...> overt <...> is that the claims to superiority are on different levels. Each can be »superior« in its own way and in its own relative distinct sphere – hence, coexistence.[36]

Ud over deres religiøse betydning er begivenhederne i påskeugen en anledning for Marinduque til at manifestere og synliggøre sig selv både indadtil for beboerne og udadtil for besøgende. Jeg er overbevist om, at guvernøren og hendes ledsagere ikke udelukkende overværer forestillingen af lyst år efter år – ikke mindst guvernørens fremskredne alder taget i betragtning. For mig ligner det snarere en måde, hvorpå guvernøren kan promovere sig selv ved at benytte religionen og dens tag i folket. Det kan virke påfaldende, at netop påsken som årets vigtigste højtid kommercialiseres og sekulariseres. Men samtidig tror jeg ikke, hendes tiltag skal opfattes som en magtkamp mellem kirken og bystyret. Fordi hun som politisk overhoved er samlingspunkt for såvel politiske som religiøse anliggender, forventes det, at hun møder op. Derfor formoder jeg, at hendes placering ved scenepladsen bestemmes ud fra, hvor hun er mest synlig og ikke nødvendigvis der, hvor hendes udsyn er bedst. Guvernø-

---

[35] Jf. begrebet *framing* og Grimes (1976), 185.

[36] Grimes (1976), 182-202.

ren tjener som levende billede på filippinsk, politisk autoritet, som i øvrigt synliggøres i nationalsangen, der introducerer hver akt i sinakuloet. Disse forhold er alle ritualiserede og sigter mod bevarelse og styrkelse af tilegnede og tilpassede traditioner gennem politisk styring og kontrol. De repræsenterer en dobbeltfunktion, som Grimes synes at karakterisere som generel:

> I am not suggesting that people do not enjoy the entertainment, nor that entertainment is but a propaganda device, but I am suggesting that it has a serious function in addition to its obvious function of entertaining.[37]

Med Grimes' ord kan det ses som en overføring af *ethnos* til *civitas* og omvendt.[38] Således levner underholdning eller kommercialisme og bodshandling eller ritual plads til hinanden.

Dette samspillende system af forskellige kulturelle sfærer, der på hver deres område er styrende og udviklende for filippinsk kultur som helhed og kondenseret i sinakuloet på Marinduque, kaster lys over performance-begrebet som metakommunikation. Sinakulo er ikke blot teater, som afspejler religionen og diskursen om historie, men udgør en måde, hvorpå individerne på Marinduque kollektivt kan reflektere over egen udvikling og udstille egne fejl og mangler.[39] På Marinduque, som så mange andre steder i Filippinerne, skal de samspillende kulturer forstås både i forhold til hinandens samtidige relationer og i forhold til deres historiske udvikling. Tiden udviskes, når vi i sinakuloet genkender vores egne holdninger hos bibelske personer, og således får fortiden betydning. Ved at fremstå som historisk faktum i en moderne kontekst bliver den gamle verden model for nutidige holdninger.[40] Diskursen om historie sørger for at minde os om vores historiske arv og ansvar, og den bibringer os en identitetsfornemmelse, som på en gang er både national og global; den filippinske tilskuer ved sinakuloet identificeres således dels som filippiner og dels som judæo-kristen, hvor forbindelsen går gennem Hollywoodmediet som udtryk for amerikansk kultur.

Spændingsfeltet, som udgøres af gejstlighedens og aktørernes forskel-

---

[37] Grimes (1976), 196 – om drama i Santa Fe, New Mexico.

[38] Grimes (1976), 196.

[39] Jf. Victor Turner hos Grimes (1976), 9.

[40] Jf. Gerald E. Forshey: *American Religious and Biblical Spectaculars* (Westport 1992), 9-10.

lige opfattelser, omkredser lydsporet og opretholdes i kraft af musikkens, men også bibelhistoriernes transparens. Der stilles ikke spørgsmål til den importerede Hollywood-ramme, fordi den umiddelbart lader sig overføre og oversætte til lokal kultur og udstiller en række behov, som er grundlæggende for et samfund: politik, moral, følelser, tro, det »gode« og det »onde«. Transparensen ses f.eks. i de politiske sinakuloer, som beholder bibelske personligheder, men udskifter tid og rum. Sinakuloet bliver en totaloplevelse, og som tilskuer får man både Hollywood og kirkekor og -klokker. Det afspejles i selve begivenheden; nogle ser familie og venner i rampelyset, andre møder op for at høre eller genhøre bibelske historier, og andre igen ser det som en mulighed til familieudflugt. Sinakuloet tilbyder i påskeugen et alternativ til TV og video og til kirken uanset indstilling. Det lokale publikums referenceramme er næsten udelukkende elektroniske massemedier som fjernsyn og video. Derfor stiller flertallet ikke spørgsmålstegn ved denne type opsætning af sinakulo, ligesom de ikke stiller spørgsmålstegn ved den amerikanske kultur, som de i stigende grad gør til deres egen.

Anmeldelse

Images of Cult and Devotion
Søren Kaspersen (red.) og Ulla Haastrup (billedred.): *Images of Cult and Devotion. Function and Reception of Christian Images in Medieval and Post-Medieval Europe*. Museum Tusculanum Press. København 2004. 311 s., 22 farveplancher..

Laura Katrine Skinnebach

Bogens 16 artikler er blevet til på baggrund af *papers* fra et internationalt symposium om »Images of Cult and Devotion« afholdt i august 1994 som det 14. i rækken af nordiske symposier for ikonografi. Målsætningen for symposiet og bogen var at belyse funktionelle og receptionsrelaterede aspekter af både middelalderens og den efterreformatoriske tids kult- og andagtsbilleder med særligt henblik på nordisk materiale. Hvad angår skribenterne, er der tale om veletablerede kunsthistorikere, hvoraf omtrent halvdelen er fra Danmark, mens de øvrige kommer fra Norden, Tyskland og Nederlandene. Størstedelen af artiklerne er på engelsk, mens et fåtal er affattet på tysk.

Bogens ene redaktør, Søren Kaspersen, sætter i indledningen spørgsmålstegn ved distinktionen mellem kultbilleder og andagtsbilleder. Særligt bliver betegnelsen andagtsbillede (»Andachtsbild«, oprindeligt defineret som term af Georg Dehio og Wilhelm Pinder i 1920erne om en ny type skulpturer, der kom frem i midten af 1200-tallet, men senere udvidet og redefineret af Erwin Panofsky) fremhævet som et problematisk begreb, fordi det dels bruges som overordnet betegnelse for en ikonografisk kategori og dels som benævnelse på en bestemt funktion. Som ikonografisk kategori beskriver det først og fremmest en type billeder, der opstod i 1300-tallet i tilknytning til senmiddelalderens nye spirituelle bevægelser og ændrede andagtspraksis. Som funktionel betegnelse kan det ikke umiddelbart afgrænses til en bestemt periode, men har også relevans for både tidligere og senere billeder og deres brug. Kaspersen refererer således til en kunsthistorisk metodediskussion, der sætter den ikonografiske motivfokusering over for en funktionel tilgang.

En gruppe af bogens bidrag tager udgangspunkt i en konkret ikonografisk gruppe og undersøger dets andagtsfunktioner og -betydninger. Poul Grinder-Hansen beskriver en række store Kristus-figurer fra det 14. århundrede og forbinder dem med *compassio* og det liturgiske drama. Henrik von Achen retter fokus imod en række glasvinduer med hjertesymbolik fra 1663 i Norddal kirke og undersøger betydningen af motivet i relation til samtidens religiøse tænkning. Aina Trotzig beskæftiger sig med motivet »Madonna siddende på en trone med Jesusbarnet stående på sit skød«, mens Jens Fleischer behandler det oprindeligt byzantinske motiv »Guds moder som livgivende kilde«. I Søren Kaspersens bidrag undersøges, hvordan Smertensmanden, *Imago Pietatis*, indgår i forskellige billedprogrammer i dansk kalkmaleri. Han tillægger motivet en central didaktisk funktion i udviklingen af en ny fromhedskultur blandt senmiddelalderens lægfolk.

En anden gruppe bidrag forsøger fra forskellige vinkler at kommentere den traditionelle ikonografiske definition af andagtsbilledet. Ingalill Pegelow lader for eksempel et stort svensk materiale af afladsbreve være baggrund for en analyse af, hvilke motivgrupper der i middelalderen blev opfattet som kultbilleder. Ulla Haastrup argumenterer for, at andagtsbilleder ikke adskiller sig tematisk fra andre billeder, men karakteriseres ved dels *ikke* at indgå i overordnede billedprogrammer og dels at have marginale/indrammede placeringer i kirkerummet. Kees van der Ploeg anlægger en udviklingshistorisk vinkel på relationen mellem altertavler og kirkebygningens arkitektoniske og liturgisk funktionelle rum. Han argumenterer for, at den tidlige kirkes billeder var programmatiske og konsekvent planlagte, mens senmiddelalderens liturgi, kirkerum og altertavler, så vel hver for sig som i sammenhæng, var karakteriseret af en løsere struktur. Han hævder således, at man ikke kan tale om et struktureret og intenderet billedprogram i senmiddelalderen og står her, ligesom Ulla Haastrup, i modsætning til Søren Kaspersens tankegang. Bag disse implicitte diskussioner ligger spørgsmålene om, i hvilken udstrækning det er rimeligt at operere med snævert afgrænsede ikonografiske definitioner for middelalderens kirkekunst, og i hvilket omfang kirkernes visuelle materiale skal ses om udtryk for strategisk planlægning.

Spørgsmålet om kirkens strategiske planlægning accentueres i en række artikler, der beskriver andagtsbilledernes didaktiske funktion. Det gælder for eksempel F. O. Büttners undersøgelse af de didaktiske strategier og virkemidler, der ligger til grund for layout og kombinationer af tekst og billeder i middelalderlige tidebøger. Disse bøger, beregnet til privatandagt, skabte en intim stemning mellem billede/tekst og beskuer, der var optimale for andagts- og meditationsoplevelser. Bengt Arvidsson giver eksempler på relationer mellem andagt og belæring i post-reformatorisk kunst og ser andagtsbilleder som visualiseringer af Guds stemme. Hanne Kolind Poulsen fremdrager eksempler på protobarokke tendenser i 1500-tallets italienske kunst. Med forskellige virkemidler blev beskueren inddraget i billedrummet og dets religiøse skildring med henblik på at skabe en intim andagtssituation. Peter Dinzelbacher undersøger senmiddelalderens billedreception med udgangspunkt i et stort materiale af senmiddelalderlige selvbiografiske og biografiske tekster, der beretter om oplevelser af billeder: kilderne vidner om indfølte oplevelser af stor kærlighed, medlidenhed og endda angst i mødet med billeder. Også han forbinder disse oplevelser med kirkens intentioner, men argumenterer samtidig for, at billederne i enkelte tilfælde *ikke* resulterede i deres tilsigtede funktion, nemlig når de fremkaldte frygt hos beskueren. Alle fire artikler tillægger kirken stor magt i planlægningen af billeder. Helena Edgrens bidrag vælger den modsatte vinkel og tager udgangspunkt i senmiddelalderens fromhedsliv og dettes indflydelse på billedsprog og billedfunktioner i finsk kalkmaleri. En diskussion af kirkens og menighedens respektive betydning for udviklingen af billedsproget er dermed implicit til stede i bogens artikler.

I forlængelse heraf er begrebet »kultkontinuitet« omdrejningspunkt for tre artikler: Signe Horn Fuglesangs artikel argumenterer for, at den kristne kultskulpturs fremkomst skal ses som et resultat af kirkens forsøg på at legitimere den kristne kult i mødet med en hedensk kultur. Martin Blindheim viser, at middelalderlige »hellige« kors og billeder forblev i brug efter reformationen, mens Åke Andrén undersøger, hvorfor middelalderens billeder i stort omfang blev tolereret efter reformationen: De blev blot tillagt nye funktioner, der harmonerede bedre med den efterreformatoriske, lutherske teologi og andagtspraksis.

Bogens bidrag er hver for sig grundige og oplysende. Samlet set giver de et bredt indblik i nordisk billedmateriale og forskellige kunsthistoriske tolkningstilgange. Dog savner man en mere eksplicit metodisk og teoretisk diskussion i lighed med den, der blev præsenteret i en anden af Museum Tusculanums Forlags udgivelser, publiceret 2003, *Tegn, symbol, tolkning*, redigeret af Lena Liepe, Gunnar Danbolt og Henning Laugerud. Her opridsede bl.a. Kristin B. Aavitsland en interessant og aktuel kritik af den »funktionelle« eller »kontekstuelle« tilgang til billeder, der de seneste år i høj grad har afløst det ikonografiske paradigme, og som også er gennemgående i *Images of Cult and Devotion*. Nærværende bog kan i sagens natur ikke kan forventes at være opdateret med de seneste metodiske synspunkter. Symposiet har ti år på bagen, og den kunsthistoriske metodebevidsthed har udviklet sig en del siden da. Kaspersens indledning virker som et forsøg på at kompensere (han bidrog selv med en artikel i *Tegn, symbol, tolkning*), men ikke desto mindre fremstår bogen – og det gælder især de danske bidrag – som en alsidig resultatdokumentation af et afgrænset ikonografisk og funktionalistisk orienteret kunsthistorisk forskningsfelt, om end uden mere fremadrettede visioner.